DONDE LA CRUZ FLORECE

La historia de Fray Pablo María de la Cruz

Myriam A. Hidalgo

DONDE LA CRUZ FLORECE

La historia de Fray Pablo María de la Cruz

Salamanca
2025

© DONDE LA CRUZ FLORECE
La historia de Fray Pablo María de la Cruz

5ª edición, abril de 2025

© Myriam A. Hidalgo

ISBN 978-84-10120-53-2

Depósito legal: S 172-2024

Produce: Óscar Alba Ramos

Diseño portada: Equipo de Comunicación Carmelita, Prov. ACV.

Impreso en España / Printed in Spain

En el perfil de Instagram **@dondelacruzflorece** encontrarás multitud de fotos que ilustran cada uno de los capítulos de este libro. Creemos que así podrás conocer un poco mejor a su protagonista y comprobar con tus propios ojos que era un chico normal.

Por otro lado, si quieres saber más sobre la que está liando este joven después de su muerte, te invito a que sigas a **@fraypablom**

PRESENTACIÓN

ÉRASE UNA VEZ

Una oración a la Reina del Cielo fue lo que hizo inevitable esta aventura. El 30 de mayo de 1999, un cálido domingo, dos años antes de que abriera los ojos por primera vez nuestro protagonista, un matrimonio perteneciente al Camino Neocatecumenal paseaba de la mano por el Santuario de Loreto. Entre sus altos muros se encuentra la casita de Nazaret (es una historia muy chula, te invito a que la busques). Les habían propuesto una peligrosa tarea: pedir a la Virgen María, arrodillados en el interior de la que fue su propia casa, lo que deseaba su corazón.

No te dejes engañar por su mirada dulce y su rostro angelical. Tratar con Nuestra Señora es considerado un deporte de riesgo, pues antes de que puedas darte cuenta, habrá desmontado todas las defensas de tu corazón, dejándote totalmente expuesto al amor de su Hijo. Al igual que tirarse en paracaídas, da vértigo, pero cuando decides lanzarte al vacío, ves que merece la pena. Si no me crees, sigue leyendo.

Él, arquitecto de profesión, y ella, dedicada al cuidado del hogar desde que se casaron, eran tan diferentes como pueden serlo dos personas. En la breve historia de este matrimonio, raramente habían tenido tan claro lo que querían. Desde que perdiesen en un aborto natural al primero de sus hijos, deseaban un varón. Una tras otra, fueron llegando tres niñas preciosas y, al fin, el ansiado hombrecito, quien recibió el nombre de su abuelo materno: Juan.

Pasaron los años y, a pesar de estar abiertos a su Voluntad, el Señor no parecía tener a bien mandarles ningún hijo más.

Pues allí, a los pies de la Virgen, aquella mujer pidió, como Santa Ana, tener un hijo varón, para que el pobre Juan no estuviese solo entre tanta mujer.

Y así fue, porque Dios es el dueño de la vida y porque lo que quiere, lo hace, en el cielo y en la tierra. Pablo no solo fue deseado, sino que fue un regalo de la Virgen de Loreto.

Es de justicia añadir que no solo sus padres rogaron por la llegada de este niño. Su hermano mayor, Juan, a pesar de contar por aquel entonces con tan solo cuatro años, pedía cada domingo en el rezo de laudes con su lengua de trapo un hermanito para jugar.

Sea como fuere, el Cielo atendió los ruegos de unos y otros y Pablo aterrizó en este mundo. Este fue solo el primero de los muchos milagros que sucedieron después.

NACIMIENTO

El nacimiento de nuestro protagonista acontece el 26 de julio de 2001, con el calor propio de la época y el bullicio, también propio, de una casa en la que ya vivían cuatro niños. Miriam, de 10 años; Carmen, de 9; Noemí, de 6, y Juan, de 4. Al ansiado momento le precedieron muchas noches de insomnio, piernas hinchadas, rosarios y antojo de pipas, muchas pipas.

Te cuento esto porque siempre he pensado que las madres tienen un sitio reservado en el Cielo, aunque sea en la esquinita más alejada. Lo que es seguro es que embarazo, parto y puerperio deberían convalidar algún tiempo de purgatorio.

Para los otros niños, el nacimiento de su hermano estuvo rodeado por un halo de alegría, pues en ausencia de su madre, su padre los alimentaba a base de volcanes de arroz blanco con tomate y platos rebosantes de huevos con patatas fritas.

La llegada de Pablo a casa fue, sin embargo, algo decepcionante para el pequeño Juan, quien esperaba un niño más o menos de su edad con el que poder jugar. En lugar de eso, se encontró con un bebé delgaducho cuya única iniciativa ya unos meses después era tirarse del cambiador al mínimo despiste de sus padres.

Si te has parado a echar cuentas, verás que fray Pablo murió el 15 de julio del 2023, por lo que no llegó a cumplir los 22 años. Puede que una vida así te parezca muy corta, pero te adelanto que Dios todo lo hace bien. Espero que a través de estas páginas puedas descubrirlo.

CRECER EN UNA FAMILIA CRISTIANA

Suspendido en el cielo de primavera, el gigantesco disco lunar iluminaba la noche más importante del año. Con las primeras luces del alba, numerosas familias con sus hijos se recogían en sus hogares, tan eufóricos como exhaustos, tras celebrar durante horas el momento central de su fe: la Pascua de Resurrección, el día en que Cristo ha vencido a la muerte y nos ha hecho partícipes de su vida inmortal.

Nuestro protagonista creció viendo cómo toda la familia se ponía elegante para ir a ver al Rey de Reyes en la eucaristía, cómo sus padres le dejaban una vez a la semana al cuidado de sus hermanas mayores para ir a rezar a la parroquia, cómo en el Evangelio estaba contenida la Historia de la Salvación de los hombres y cómo no había nada, pero nada, más importante que rezar los laudes en familia los domingos.

En el Camino Neocatecumenal se vive la fe en pequeñas comunidades. Las familias conviven con otras familias de la parroquia, los niños crecen en un ambiente en el que hay más niños como ellos y, de alguna manera, la vivencia de los padres en comunidad se traslada a una vivencia de la fe de los hijos en comunidad.

De este modo, Pablo se sabía de memoria la teoría de quién era Dios y qué había hecho por él.

En concreto, en casa de nuestro protagonista, los laudes en familia han sido un punto clave en la transmisión de la fe. En medio de la oración se explicaba a los niños las Escrituras, recurriendo incluso a *midrashim* hebreos para adentrarse en pasajes del Antiguo Testamento.

Cuando los niños iban creciendo, los laudes se convertían además en un punto de encuentro donde, con el Espíritu Santo en medio, se podía hablar de los problemas y preocupaciones de cada uno.

Estas celebraciones han sido claves para poder ayudar a los hijos en los momentos en los que el enemigo les estaba tendiendo trampas peligrosas de verdad. Sobre todo a partir de la adolescencia, en la que, por resumir, "donde hay hormona no manda neurona". Es un tiempo en el que el diablo ronda a las almas como león rugiente, buscando a quien devorar.

En muchos casos son los propios hermanos los que conocen de qué pie cojea cada uno y pueden ayudarse entre ellos.

En este contexto de los laudes no solo se trataban los problemas, también podían expresarse las luces que Dios regalaba a cada uno. El día en que fray Pablo María de la Cruz se consagró rezó laudes como cada domingo con su familia. Lo que en ellos expresó, abriendo su corazón, dejaba entrever hasta qué punto se había abandonado a la voluntad de su Amado.

Pero como dice Michael Ende, esa es una historia que debe ser contada en otro momento.

TRANQUILO, TRANQUILO

La aventura comienza cuando nuestro protagonista aterriza en una familia numerosa marcada por el ritmo delirante de una casa en la que conviven siete personas, cada una con sus horarios y maneras de ser. Para ser honestos, en sus primeros años Pablo no prometía mucho como protagonista ni de esta ni de ninguna historia.

En medio de la vorágine de hermanos que pasaban corriendo a su alrededor o le apretujaban en torpes muestras de cariño, a él todo le hacía gracia y todo le venía bien. Parecía que, más que un niño, había llegado a la casa un saquito de patatas que, allí donde lo dejasen, allí lo encontraban, esperando pacientemente con una sonrisa.

Pablo era lo que podía decirse un niño tranquilo, tranquilo. No necesitaba mucho, era el típico muchacho al que le regalaban un juguete y él jugaba con la caja.

Esa fue quizá una de las primeras bendiciones de la Virgen para esa madre que ya había sufrido cuatro hijos terremoto, cada uno a su manera. Así se cumplía en él, también, la profecía taurina: no hay quinto malo.

Además de tranquilo, Pablo era un niño muy abierto y sencillo. En la parroquia, en el colegio, en el supermercado, todo el mundo conocía a aquel muchacho noblote y agradecido. Rara era la vez que abandonaba la panadería sin un colín para el camino a la biblioteca sin llevarse aquel libro de dragones tan cotizado. ¿Y sabes qué? Creo que era precisamente esa inocencia, esa pillería ausente de maldad, la que conseguía ganarse el corazón de la gente.

OLVIDADO

Aquel día, como casi todos los domingos desde que se mudaron a Salamanca por razones de trabajo, los Alonso Hidalgo se dirigían a Zamora a la habitual comida familiar. Salir en su modesta monovolumen no era tarea fácil. Levantarse, desayunar, alistar la casa, preparar lo que había que llevar y (lo más importante) rezar con calma los laudes con cinco niños puede quitarle la paciencia, en palabras de la madre, hasta al santo Job.

A la carrera, todos habían entrado en el coche y abrochado sus cinturones de seguridad. Mientras el patriarca trataba de instruir sobre la importancia de la puntualidad a sus vástagos, la paciente madre avisaba a los abuelos de que llegarían algo tarde. Fue entonces, en la pausa obligatoria del primer semáforo en rojo, cuando el padre miró por el espejo retrovisor con el fin de comprobar si el sermón estaba surtiendo el efecto deseado. Sin embargo, su atención se centró en algo muy distinto.

—Ricardo, ¿qué haces? Por aquí no se va, no podemos perder más tiempo —lo increpó la madre, desesperada.

—Ya lo sé, Mª Carmen. Doy la vuelta porque nos hemos dejado a Pablo.

Así era. Juan, que se sentaba a su lado, iba mirando por la ventanilla, tan despistado como siempre, sin percatarse de que el asiento de al lado estaba vacío. Cuando la pobre mujer, que no ganaba para sustos, abrió minutos después la puerta de casa, se encontró a su hijo más pequeño sentado en la entrada, esperando entre sollozos.

Puede que estés pensando que esta situación es inverosímil (si formas parte de una familia numerosa, probablemente no te parezca tan descabellada), pero para ser justos, no toda la culpa era de los padres.

Aquí se juntaron dos factores:

Por un lado, el pequeño Pablo no sabía jugar al escondite. Él se escondía, sí. En ocasiones se escondía muy bien. Pero en cuanto alguien preguntaba: "Pablo, ¿dónde estás?", él respondía (para tranquilidad de sus padres): "¡Aquí!". Convendrás conmigo en que jugar al escondite así es un rollo. No te preocupes, sus hermanos se encargaron de solucionarlo.

Tras mucho regañarle, a Pablo le quedó claro que bajo ningún concepto debía responder cuando se le llamase. Así pues, el pobre niño aprendió a aguardar en un silencio sepulcral a que se le encontrase.

Este cambio fue recibido con regocijo por los demás niños de la casa. Sin embargo, se convirtió en un quebradero de cabeza constante para los padres, pues que nuestro protagonista fuera tranquilo no quiere decir que estuviese falto de iniciativa. En ocasiones jugaba al escondite durante horas por la sencilla razón de que no avisaba a nadie. Él se metía en el cesto de la ropa y a esperar a que alguien le encontrase.

Aun así, disfrutaba mucho de la compañía de los demás. Le encantaban los besos, abrazos, (cuando creció sus hermanos lo llamaban "el achuchombre") y, por supuesto, las cosquillas. Por culpa de estas últimas Ricardo no podía dormir tranquilo una siesta, pues Pablo gritaba y se retorcía como una lagartija.

Por otro lado, tenía la capacidad de centrarse en algo que llamase su atención y para allá iba, de nuevo sin avisar a nadie. Por este motivo sus padres podían llevarlo de la mano y, tan solo un minuto después, que el muchacho hubiese desaparecido sin dejar rastro.

Gracias a Dios, como el niño Jesús, siempre que fue perdido, fue hallado.

EL BELÉN DE PABLO

En su modesto piso cerca del Camino de las Aguas, la familia Alonso Hidalgo aprovechaba el descanso del puente de la Inmaculada para poner la decoración de Navidad. Como en muchos hogares cristianos, además del árbol, las guirnaldas y el espumillón, hay un elemento que destaca sobre todos los demás: el belén.

En la casa de nuestro protagonista había dos, a falta de uno. El primero, puesto en la entrada, contenía solo el misterio: María, José, el Niño, la mula y el buey. Al principio era el único nacimiento y lo colocaba toda la familia, pero después de que el buey perdiera un cuerno y san José la mano (de tanto pedirle que nos echase una, bromeaba siempre la madre), decidieron que los niños tuviesen un belén propio.

Todo fue bien hasta que Pablo tuvo edad de participar, pues otra cosa que debéis saber de él es que desde bien pequeño le encantaban los animales. Tenía decenas y decenas de animales de plástico a escala que poco a poco fueron colonizando el salón, haciendo fila para darle la bienvenida al niño Jesús la noche del 24 de diciembre, con poco rigor histórico, por suerte para la Virgen María.

El belén del que os hablo era, cuando menos, pintoresco. Contaba con una pequeña gruta de corchopán, un río de papel de aluminio y el misterio del nacimiento. Hasta ahí todo normal.

El suelo estaba completamente cubierto de virutas de sacapuntas que Pablo y su hermana Noemí consiguieron reduciendo a polvo todo un estuche de pinturas de cera con un sacapuntas de manivela. Las gallinas, patos y ocas dificultaban el paso de los pocos pastorcillos que osaban adentrarse en aquel zoo.

Lo que no había era romanos. Quizá se los había comido el tigre blanco o la pareja de cocodrilos que acechaba entre las aguas. Herodes imagino que habría huido, pues donde solía estar su palacio había aparecido un velociraptor. El que a lo mejor sí había acudido a la escena, aunque no podamos afirmarlo con seguridad, era Jonás, pues en mitad del río descansaba una ballena de resina de casi un kilogramo.

Esta obsesión por los animales se convirtió más adelante en amor por la naturaleza. A Pablo le encantaba cazar bichos, bañarse en el río, encaramarse a cada roca que veía y pasear por el bosque.

Durante su adolescencia comenzó a buscar dentro de la ciudad espacios donde poder disfrutar de un poquito de verde. También le encantaba ir a Sanabria con sus tíos y perderse entre sus sendas. Conocía sus caminos mejor que algún lugareño. Caminaba y subía montañas, aun después de la operación en la que se quedó cojo. Poco a poco, y en sus propias palabras, descubrió a Dios en la naturaleza.

Sin embargo, que a Pablo le gustase la naturaleza no quiere decir que a ella le gustase Pablo. Revisando su infancia y juventud hemos descubierto varios intentos de asesinato en sus acercamientos a la madre tierra. En uno de los campamentos de la parroquia se quemó el ojo con lejía, casi se secciona la arteria femoral en una peregrinación a Fátima, fue mordido por un insecto que (supuso él) estaba muerto y durante un viaje familiar a Lourdes... solo diré que por poco se prende fuego y fue ligeramente electrocutado.

Si piensas que todo esto tiene poco que ver con las Escrituras, te invito a que leas el cántico de los tres jóvenes (Dan 3,57-88.56) que la familia de nuestro protagonista rezaba cada domingo durante los laudes. Como puedes ver, a base de repetir, el mensaje fue calando poco a poco. Toda la creación, la naturaleza, alaba a nuestro Dios, y si te fijas, podrás descubrirlo en ella.

Fray Pablo lo tenía clarísimo.

EL VALOR DE LA AMISTAD

Pablo decidió regresar urgentemente a la parroquia. Sus padres le habían pillado. Iba a escaquearse de la eucaristía de nuevo.

—¡Qué pesados son! —se quejaba mientras sus amigos le acompañaban a buen paso por las calles de Salamanca —Si supieran lo poco que me importa...

¿Qué había pasado?

Al llegar la adolescencia su fe infantil se había transformado poco a poco en indiferencia, teñida en ocasiones de enfado con su Creador. Estos momentos ocurrían cuando la inocencia en la que había vivido iba dejando paso a la dureza de la vida. Pablo era un chico especialmente sensible al sufrimiento ajeno.

Cuando tuvo la madurez suficiente fue consciente de los problemas familiares y de que el mundo no es tan justo como él había pensado. Le dolía, en especial, el sufrimiento de los inocentes.

Un día cualquiera alguien llamó al telefonillo de su casa. Era uno de sus amigos de la infancia, con el que había cursado infantil y primaria y al que hacía tiempo que no veía. Había ido a verle para contarle que otro compañero de clase, Fabio, había fallecido.

Esta fue la primera vez que la muerte tocó de cerca la vida de Pablo. No solo le dolía la pérdida, sobre todo le escandalizaba la injusticia. Fabio era un chico que había sufrido mucho desde pequeño. Atado a su silla de ruedas, con varias operaciones en su historial, era un niño inocente y entrañable que siempre tenía una sonrisa para los demás. La última vez que lo vio, todo indicaba que su situación estaba mejorando.

Pensar en que alguien como él, que se merecía una vida larga y feliz, había muerto tan pronto llenaba a Pablo de ira y tristeza.

A pesar de que en el ámbito de la fe estaba todavía muy verde, a sus 14 años llegó el momento en el que pasó a formar parte de su propia comunidad. El muchacho detestaba este cambio y lo vivía como una imposición. Sus prioridades eran, por aquel entonces, muy distintas.

Como contaría más adelante, el Camino Neocatecumenal es un muy buen lugar para encontrarse con Dios. Quizá no era ni el momento ni el "formato" adecuado para él.

Su comunidad estaba formada por aquel entonces por un grupo de adolescentes con una fe infantil propia de su edad. Pablo creía que, como él, muchos de ellos acudían a las celebraciones por obligación. En sus propias palabras, el joven iba a calentar asiento, esperando que la eucaristía terminase lo antes posible para poder volver con sus amigos. Mientras tanto, su mayor esfuerzo se concentraba en no dormirse. Para ser justos, debo contaros que tenía una facilidad pasmosa para echar una cabezadita en cualquier momento y lugar.

Pronto hizo un grupo de amigos muy bueno en su colegio. Era una pandilla muy sanota, y en ella encontró Pablo amistades sinceras. Si ya antes le costaba acudir a las celebraciones de su comunidad, podéis imaginaros lo que le suponía ahora que le quitaba tiempo de estar con sus amigos. Si le hubiesen dado a elegir en aquel momento, nuestro protagonista lo habría tenido claro.

Por suerte, estos amigos lo eran de verdad y, sabiendo que tenía que acudir, le acompañaban hasta la puerta de la parroquia y le iban a buscar a la salida, a pesar de no entender muy bien por qué era tan importante.

Mentiría si no os dijera que el joven se salió con la suya en numerosas ocasiones. Se saltaba la eucaristía por estar con sus amigos. Eso sí, tenía que leer el Evangelio del día antes de llegar a casa. Su padre siempre le preguntaba algo.

CORAZONES DE CARNE

Llegados a este punto, puede que te preguntes cómo es posible que este chaval rebelde de apenas 15 añitos haya llegado a convertirse en fray Pablo María de la Cruz.

La respuesta corta es que Dios está deseando encontrarse con cada uno de nosotros. Solo necesita un corazón sincero para darse a conocer, y una vez que lo conoces, es imposible no amarlo. Eso te lo digo por experiencia.

Si quieres saber con más detalle cómo fue este encuentro, no tienes más que seguir leyendo. Aquí estoy para contártelo, sin trampa ni cartón. Fray Pablo lo hubiera querido así. Dios puede tornar un corazón de piedra en uno capaz de amar hasta el extremo. Puede poner luz en la oscuridad y hacer florecer el leño seco de la cruz.

Y ni siquiera necesitó mucho tiempo.

Puede que te siga pareciendo que una vida de menos de 22 años sea corta, pero los que conocimos a fray Pablo te podemos decir que mucho nos parece. Puede que sea una torpeza familiar innata (conocida entre los suyos como "el gen Alonso") o la mala suerte. Pero también puede que, como dijo él cuando se enteró de que apenas le quedaba un mes de vida, su Amado no pudiera esperar más para tenerlo entre sus brazos.

Si te cuesta imaginar a todo un Dios enamorado de su criatura, de un chico como tú y como yo que le abrió su corazón, te invito a que dejes un momento el libro y escuches la canción *Un segundo*, de Hakuna Group Music.

ENFERMEDAD

REGALO DE CUMPLEAÑOS

Seis de los muchachos más curiosos de Salamanca escudriñaban un versículo de la Biblia alrededor de la mesa del comedor de sus padrinos, Nacho y Maite. Es muy probable que lo hiciesen no tanto por el gusto de devorar la palabra de Dios, sino por la suculenta cena que les esperaba después. Estamos de acuerdo en que no solo de pan vive el hombre, pero las gambas, el queso *provolone*, los bizcochos caseros y los helados no son rechazados por casi ningún adolescente.

En la pastoral de posconfirmación varios matrimonios acogen en su casa a grupos de jóvenes y van desgranando distintos temas sobre la fe alrededor de la palabra de Dios, los sacramentos y mucha, mucha comida. Sin desmerecer al resto de los padrinos, a este grupo le había tocado el gordo, pues mamá Maite, como ellos la llamaban, es una excelente cocinera.

Pablo encontró en sus padrinos el referente que necesitaba para transitar esta edad tan complicada. Durante esta etapa de la vida en la que se tiene la cabeza llena de pájaros, el corazón de sueños y el cuerpo de hormonas, ni aunque sus padres fueran unos santos se habrían librado de que sus hijos les llamaran pesados e hiciesen oídos sordos a todas sus indicaciones.

Un día, jugando a pádel con su hermana y su futuro cuñado, comenzó a complicarse toda esta historia. Pablo tropezó con su propio pie (acuérdate del gen Alonso, esa torpeza extrema) y se lesionó. El partido acabó ahí y nuestro protagonista en urgencias. Allí le dijeron que parecía tratarse de un simple esguince.

Pablo, en su pasotismo habitual, se olvidaba de aplicarse el antiinflamatorio y realizó reposo aproximadamente durante 20 minutos, lo que tardó en llegar a casa en coche. Los síntomas no mejoraban, pero ¿cómo iban a hacerlo si no seguía el tratamiento?

Sin embargo, lo que al principio pensaron que era inflamación crecía por días, por lo que sus padres, preocupados, pidieron opinión al padrino de Pablo, Nacho, quien es médico de familia. Fue él quien primero intuyó de qué podría tratarse. Sin perder más tiempo comenzó a tramitar las pruebas que creyó pertinentes.

Mientras tanto, el dolor fue aumentando de forma alarmante. Era especialmente llamativo cómo se acentuaba por las noches, cuando el joven debía levantarse y deambular por el pasillo para calmarlo un poco. Esto era debido a que el tumor, que libre de su cápsula había crecido 8 cm en menos de dos meses, oprimía los vasos de la pierna impidiendo que la sangre circulase con normalidad.

Tras aquello llegó la pérdida de sensibilidad y la imposibilidad de levantar el pie. Fue entonces cuando la familia empezó a preocuparse de verdad.

Todo esto ocurrió durante la primavera y el verano del 2017. Finalmente, el diagnóstico llegó el 26 de julio de ese mismo año, el día de su cumpleaños: posible sarcoma óseo. Ese mismo día, Ricardo y Mª Carmen se lo dijeron a sus hermanos, pero no a él. Querían esperar a que estuviese confirmado.

Los regalos del Señor traen, en ocasiones, envolturas muy feas.

NO TEMÁIS, SOY YO

El olor a lejía flotaba por los pasillos. En el interior de una de las consultas de la planta de oncología infantil del Hospital 12 de Octubre, Ricardo y Nacho recibían el diagnóstico definitivo: Sarcoma de Ewing.

El médico les informó con optimismo de que, en la actualidad, la tasa de supervivencia ascendía hasta el 70 %.

—Y... ¿el otro 30 %? —preguntó el padre.

—El cáncer se va al pulmón y el paciente muere.

Transmitirle una noticia así a su hijo menor no sería tarea fácil. Ricardo y Mª Carmen debían buscar el momento y la manera adecuada de comunicarle a Pablo el diagnóstico que cambiaría su vida de forma radical. Por suerte o por desgracia, hay cosas que no podemos controlar y, a pesar del cuidado de sus padres, nuestro protagonista se enteró de todo de la forma más estúpida e inesperada.

Fue gracias a uno de sus hermanos, en el que el gen Alonso se expresa con todo su poder. Mientras Ricardo y Nacho se encontraban en consulta con el médico recibiendo el resultado de las últimas pruebas, los dos jóvenes paseaban juntos por el hospital. En un momento dado, Pablo vio un cartel que llamó su atención:

—Mira, podríamos donar sangre —sugirió.

—Tú no puedes, eres menor de edad —contestó su hermano. —Además, tienes cáncer.

—¡¿Que tengo qué?!

Apenas una hora más tarde los cuatro varones se encontraban almorzando en la cafetería del hospital. El padre, con las cifras y la jerga médica dando aún vueltas por su cabeza, no fue capaz de probar bocado. Él aún no sabía que su hijo conocía la noticia y lo miraba con una mezcla de miedo y compasión.

—¿No te vas a comer eso? —Le preguntó Pablo, sacándolo de sus pensamientos. —¿Puedo acabármelo yo?

No os voy a mentir, la verdad es que cuando lo fue asimilando se le cayó el mundo encima. Se disponía a comenzar un tratamiento durísimo en Madrid, donde no contaba ni con familia ni con amigos. Como te imaginarás, el futuro más próximo se le presentaba aterrador.

Volvieron a casa y los días transcurrieron con aparente normalidad hasta el domingo. Los padres habían acordado esperar, una vez más, al entorno de la celebración de laudes para hablar con sus hijos de algo tan serio. Tras la liturgia, informaron oficialmente a la familia del tipo de cáncer que tenía Pablo, con nombre y apellidos.

Después, como era habitual siempre que se enfrentaban a un problema, le pidieron a Dios una palabra que los ayudase y abrieron la Biblia por una página al azar de los Evangelios. Ricardo puso a ciegas el dedo sobre una de las líneas y leyó en voz alta:

"Cuando habían remado unos veinticinco o treinta estadios, vieron a Jesús que caminaba sobre el mar y se acercaba a la barca, y tuvieron miedo. Pero él les dijo: «Soy yo. No temáis»".

Jn 6, 19-20

CORDERITO

Como un atleta entrena para la carrera o un ejército se dispone para entablar batalla, los miembros de la familia Alonso Hidalgo se prepararon, cada uno a su modo, para la prueba que les venía encima.

El itinerario marcado por los oncólogos consistía en seis ciclos de quimioterapia que irían seguidos, si todo iba bien, de una operación quirúrgica en la que se extirparían los restos del tumor y la zona circundante que considerasen pertinente. Comenzaría el 16 de agosto.

Sus padres, por su parte, decidieron realizar un viaje al Santuario de la Virgen de Fátima. A ella acudieron en su luna de miel y a sus pies pusieron su matrimonio. En esta ocasión, le encomendaron uno de sus bienes más preciados, a su hijo pequeño. Allí, juntos y arrodillados, imploraron su protección.

A la salida Mª Carmen compró la figura de un corderito que, en su corazón de madre, representaba a su hijo. A partir de aquel momento lo colocaría siempre en el belén navideño, a los pies de la Virgen y muy pegadito a la cuna del Niño Jesús.

Pablo estaba, por aquel entonces, algo triste. En parte era por el cariz que habían tomado los síntomas, que cada vez le asustaban más. Pero también, y sobre todo, sufría por los planes de verano a los que debía renunciar, entre ellos el campamento de la parroquia. Porque otra cosa que no os he contado es que este joven inquieto se atrevía con todo o, en palabras de su padre, se apuntaba a un bombardeo.

Ante la perspectiva de pasar lo que restaba de vacaciones metido en un hospital, sus hermanos decidieron darle una sorpresa. Trazaron un plan y, al día siguiente, le hicieron madrugar.

Pablo, que nunca hablaba antes de tomar el desayuno, estaba tan sorprendido como molesto.

—Venga, melón, que nos vamos a la playa.

Ahí la cosa cambió y ya no le pareció tan mal que le hubieran sacado de la cama. Tras tres horas de viaje, se plantaron en Aveiro (Portugal), la costa más cercana a su ciudad.

Como el viaje había sido planeado más con el corazón que con la cabeza, a ninguno se le había ocurrido mirar el pronóstico meteorológico. Según bajaron del coche notaron el fuerte viento. Sin desanimarse, cargaron los bártulos, se fueron hacia la playa (desierta, por supuesto) y se empeñaron en bañarse.

—¿Cómo puede haber vida marina? —gritaba Pablo, tiritando, mientras entraba en el agua.

—Mete bien la pierna —le aconsejó una de sus hermanas, con los labios azules—igual se te congela el tumor y asunto resuelto.

Tras sobreponerse a los síntomas de hipotermia y acabar rebozados en arena, comieron, pasearon y contemplaron el atardecer. Hicieron, en fin, todo lo que hay que hacer en un buen día de playa.

Antes de irse, decidieron merendar algo. Todos iban a pedir un batido, Pablo el primero, pero una de sus hermanas le recordó que, para preparar su cuerpo para la quimioterapia, le habían pautado una dieta alcalina. Decepcionado, tuvo que conformarse con un granizado de frutas en lugar del batido de galleta oreo que deseaba. Aquel contratiempo le fastidió de verdad.

Fue entonces cuando sus hermanos le prometieron que, cuando todo aquello acabase, volverían a aquel mismo bar y tomarían el batido que él quería juntos.

Cumplieron la promesa, finalmente, el 29 de julio de 2023, entre sonrisas, abrazos y lágrimas. Es probable que en el Cielo alguien le consiguiera un batido de oreo.

—¡Buf! No me gusta lo que dice mi horóscopo —dijo Pablo con un fingido gesto de molestia. —En vez de Leo léeme Cáncer, a ver si me trae suerte.

Estas y otras bromas eran la seña de identidad de nuestro protagonista. Un humor negro, casi sin censura, desde el que podía burlarse de la enfermedad. Sin embargo, no todo eran risas en su interior. No podían serlo.

Los dolores iban en aumento y la pérdida de movilidad y sensibilidad le asustaba. ¿Podría seguir practicando deporte o haciendo senderismo con sus amigos? ¿Podría continuar con sus estudios? ¿Podría, al fin y al cabo, volver a llevar una vida normal?

Antes de que comenzase el tratamiento, los Alonso Hidalgo al completo se juntaron para acudir a la celebración de la boda de una buena amiga de la familia. Ricardo y Mª Carmen, tras el banquete, tuvieron la ocasión de hablar con un matrimonio de fe que había transitado ya los difíciles caminos a los que ahora ellos se enfrentaban. Miguel, uno de sus hijos, había sido diagnosticado hacía años de un cáncer similar al de nuestro protagonista.

Luis y Ana, así se llaman sus padres, les hablaron de cómo habían visto la presencia fuerte de Dios en medio del sufrimiento. Les contaron que Él todo lo hace bien, que habría dolores, en ocasiones terribles, pero que nunca estarían solos. Que su fe y su familia saldrían tan reforzadas como la suya. Les dijeron, en definitiva, que Dios, nuestro Padre, no les iba a abandonar como tampoco lo hizo con ellos.

Este testimonio fue calando en el padre de familia, quien se sentía reforzado para la batalla. Sin embargo, el corazón de madre de Mª Carmen sufrió una transformación distinta.

—Bueno, ¿cómo se encuentra Miguel ahora? —preguntó, tras tres horas de charla.

—No consiguió superar el cáncer —le contestó Ana. —Murió el 7 de junio de 2014.

La pobre mujer no pudo evitar que su mandíbula quedara colgando. No podía dar crédito a lo que acababa de oír. Síntomas terribles, horas de hospital, dolor intenso y otros sufrimientos que ella no podría evitarle a su corderito.

"Todo este sufrimiento, ¿para qué?" preguntaba al Cielo.

Después de una hora más de testimonio, ambos matrimonios volvieron a la boda. Había llegado ya el momento de la fiesta. Mª Carmen vio como sus hijos danzaban y cantaban como todos los demás. Todos menos ella. No podía bailar. No podía cantar aquella noche.

Viendo a Pablo tan alegre, no podía pensar más que una cosa: iba a perder a su hijo y no podía hacer nada para evitarlo.

P.D.: Aquí te dejo el testimonio completo de esta familia, por si quieres escucharlo. Te recomiendo que no lo hagas conduciendo. Puede que, como a mí, se te meta algo en el ojo.

Testimonio Luis y Ana

ITINERARIO DE LA ENFERMEDAD

A LAS TRINCHERAS

En agosto de 2017 comenzaron a librarse las primeras batallas físicas contra la enfermedad. Pablo descubrió enseguida que los ciclos de quimioterapia eran duros. Muy duros. Tanto como solo puede serlo un veneno que corre por tus venas arrasando con todo a su paso, sin distinguir muy bien entre amigo y enemigo.

Durante aquellos primeros meses nuestro protagonista se vio arropado también por su madre y sus hermanos, pero al comenzar el curso, las obligaciones de cada uno se impusieron. Quedaron solo su padre y él ante el peligro. De este modo, Pablo tuvo que hacer frente, además, a un enemigo con el que no contaba: la soledad.

Las vacaciones de verano habían acabado y, con ellas, la libertad de movimiento de la familia. Atados en Salamanca por los quehaceres de cada uno (trabajos, estudios y cuidado de los hijos) las visitas al hospital se redujeron considerablemente.

Su madre había comenzado a trabajar unos meses antes, sin buscarlo de ningún modo, acompañando a un matrimonio de ancianos en su domicilio algunas horas a la semana. Cuando lo aceptó, no era consciente de la bendición que supondría (pero Dios sí lo sabía). Llevaba dada de alta en la Seguridad Social justo el tiempo necesario para que Ricardo pudiese pedir una reducción de jornada y acompañar a su hijo durante todo el tratamiento.

Por hacerlo sencillo te explicaré que para Pablo cada ciclo se dividía en tres partes:

- La semana de quimio, ingresado en el hospital para administrar el tratamiento, con todo su cortejo de síntomas. Consistía en quimioterapia intravenosa durante 5 días, 9 horas al día.

- La semana mala, que podía pasar en casa (en teoría), pero en la que sufría una bajada de defensas y plaquetas que lo convertía en uno de los seres más vulnerables del planeta. Además, presentaba cansancio y llagas en la boca que le impedían comer, aunque la comida le sabía a rayos. Si presentaba fiebre, debía acudir a urgencias porque, en su estado, podía ser cualquier cosa. Solía quedar ingresado hasta la siguiente semana.

- La semana buena, en la que se recuperaba y tenía un poquillo de libertad antes de enfrentarse al siguiente ciclo. Podía ver a algunas personas, pocas, siempre con mascarilla y al aire libre. No podía correr el riesgo de enfermar y tener que retrasar el siguiente ciclo.

Padre e hijo pudieron comprobar pronto cómo sus planes de volver a Salamanca durante la semana mala eran pura fantasía. Creo que no hubo ninguna de estas semanas en las que el joven no tuviese que acudir a urgencias por grandes sangrados o por comenzar con fiebres que no remitían. Casi siempre quedaba ingresado.

Uno de los mecanismos de defensa que desarrolló fue una especie de fobia a la comida del hospital, por lo que su familia solía llevarle platos caseros que muy a menudo iban enteros a la basura debido a que las náuseas y el malestar no le permitían probarlos.

Con tan solo 16 años, Pablo afrontaba estos periodos de sufrimiento y soledad como mejor podía. Como buen adolescente, trataba de evadirse en el interactivo mundo de las pantallas. Utilizaba su móvil para ver series, jugar a videojuegos, pero, sobre todo, se aferraba a la música.

En ella encontraba un refugio particular, un manto que le envolvía y le ayudaba a transitar por el torrente de emociones que lo arrollaba y que en ocasiones no entendía. Su padre aprendió a respetar estos tiempos y a leer las pistas que le llegaban a través de la música que se dejaba oír desde sus grandes auriculares rojos.

En esta edad en la que ya de por sí es difícil entender los sentimientos, la música se convirtió para Pablo en la llave que abría la puerta de sus emociones. Escuchó durante mucho tiempo *Dubstep* hasta el punto de quedarse dormido con el volumen a tope. Parecía querer llenar de ruido un vacío que amenazaba con llenarse de monstruos.

Cuando la tristeza lo invadía y tenía fuerzas para sumergirse en ella, se dejaba abrazar por la música *indie*, como las canciones *Sunflower* de Rex Orange Country, *Agua con chía* de Sous-Sol o *Run away* de Aurora. Si necesitaba aplacar la ansiedad respiraba al son de *Lofi hip hop* que, según él, acompasaba los latidos de su corazón.

Al volver a casa, la reina de su lista de reproducción era *Bene ma non benissimo* de Shade. El viaje de vuelta al hospital para comenzar un nuevo ciclo, con todo lo que conllevaba, estaba acompañado de Natalia Lacunza.

He decidido ponerte estos ejemplos de canciones con sus artistas por dos motivos:

El primero es que puedas encontrarlas con facilidad y hacerte así una idea de lo que te estoy hablando. Si has conocido a Pablo con el nombre de fray Pablo Mª de la Cruz, puede que pienses que escuchaba cantos gregorianos de la mañana a la noche.

El segundo motivo es que creo que la música tiene el poder de conectar a las personas. Te será más fácil entender lo que él estaba viviendo con estas "pistas". ¿Quién sabe? Quizá descubras algún temazo.

FIESTA DE CALVITOS

Luis y Ana tenían razón. Ellos decían que su hijo Miguel les había enseñado que en esa casa se celebraba todo. Los Alonso Hidalgo no tardaron en tomarles el testigo.

Pablo había comenzado a perder el cabello y, para no tener que ver cómo se levantaba con la almohada llena de pelo o tener que desatascar el desagüe de la ducha, decidió raparse. Pero sus hermanos no iban a permitir que fuese algo tan simple.

Así fue como organizaron la fiesta de calvitos. Hamburguesas, decoración, música y una recortadora fueron los protagonistas de la noche. Según entraron por la puerta, Juan les informó de que él también iba a raparse la cabeza. Sin pensárselo mucho, lo sentaron en un taburete en el salón y, empezando por el centro de la cabeza, lo esquilaron como una oveja.

Al ver a su hermano pelado como un huevo e interrumpiendo los comentarios jocosos de los demás, Pablo dijo que le había afectado mucho y que por eso él ya no pensaba raparse.

La cara de Juan era un poema. Con su recién descubierta cabeza con forma de huevo imploraba a su hermano que no le hiciese aquello. Su comprensión se fue tornando en enfado hasta que Pablo estalló en carcajadas.

—Es broma. ¿Cómo no me voy a rapar, si me voy a quedar calvo en dos semanas? —Rio. —¡Tendrías que haberte visto la cara!

Al final Pablo se rapó y quedó contento porque, tras una votación entre los hermanos, la calvicie le quedaba mucho mejor que a Juan, quien tuvo que ir así a la boda de su hermana.

Cuando comenzó a caérsele el pelo de verdad y tenía alguna calva, fue a verle un buen amigo. Tras hablar un rato con él, le preguntó:

—Oye, ¿te puedo dibujar algo en la cabeza?

Quitándole pelo, poco a poco, le dibujó una carita sonriente. Pablo tuvo entonces la certeza de que sus amigos no le abandonarían en la enfermedad. No se equivocó.

Aquella fue la primera de innumerables fiestas. Serían en total decenas de celebraciones con decoración, pizzas, hamburguesas, refrescos y muchos juegos de mesa. Se festejaba el fin de cada ciclo de quimio, cada prueba, cada operación y, por supuesto, cada fin de tratamiento.

Se celebraba lo bueno y lo malo. Todo viene de Dios y, como dice el santo Job a quien la madre tanto invocaba:

Si aceptamos de Dios los bienes, ¿no vamos a aceptar los males?

Job 2,10

En las abarrotadas calles de los barrios de Madrid, cada viaje al hospital se había convertido para la familia Alonso Hidalgo en un verdadero quebradero de cabeza. Durante el ingreso hospitalario el problema estaba más o menos resuelto entre las casas de algunos familiares y amigos. Aun así, todo era muy complicado.

Sin embargo, el verdadero problema ocurría cuando Pablo tenía que acudir durante varios días seguidos a realizarse pruebas sin ser ingresado, o en los momentos más delicados de la semana mala, en los que solían darle el alta, pero le recomendaban no alejarse demasiado del hospital.

Fue entonces cuando, una vez más, Ricardo y Mª Carmen pudieron comprobar que Dios provee siempre lo que necesitan sus hijos. Un matrimonio salmantino de otra parroquia se puso en contacto con ellos para recordarles que, desde el principio, les habían ofrecido las llaves de su piso en Madrid.

Resultó que el inmueble se encontraba a apenas 15 minutos en coche del hospital y que José Ramón y Carmen, así se llaman estos ángeles, no aceptaron que pagaran absolutamente nada durante todo el tiempo que duró la enfermedad. Puedes estar seguro de que tendrán su recompensa en el Cielo.

Allí, en ese piso, se libraron casi todas las batallas. Al principio, Pablo fue ingresado en el edificio Materno infantil del Hospital 12 de Octubre, donde compartía planta con niños de todas las edades, desde bebés de pecho hasta otros adolescentes como él.

El hecho de que le dieran a elegir entre ingresar en el ala de oncología de adultos o la infantil fue otro de los mimos del Señor. Pablo dio gracias a Dios muchas veces por la decisión que tomó.

Coincidirás conmigo en que no es lo mismo pasar un cáncer rodeado de niños más pequeños que están en la misma lucha que tú a ser el más joven paciente de una planta llena de adultos que, por decirlo de algún modo, ya han vivido su vida. Además, la planta de oncología infantil es un lugar prácticamente mágico, en el que se sufre y se ríe a partes iguales.

Si tienes la bendición de tratar con niños en tu día a día, ya sabrás que son increíbles. Pablo contaba que, cuando no les dolía nada, sus compañeritos estaban como si nunca hubiesen pisado un hospital, riendo y jugando con una sonrisa en los labios.

Demostraban unas ganas de vivir que hacían más por ellos que el propio tratamiento. Los niños son así. Si un señor con bata les decía que no podían correr, porque les faltaba una pierna, a partir de entonces hacían carreras a la pata coja como si siempre lo hubiesen hecho de esa forma.

Cuando los síntomas se lo permitían, Pablo dibujaba y tocaba música para sus nuevos hermanos pequeños de planta y trataba de ayudarlos a sentirse mejor. En una ocasión, una auxiliar de la planta conocida por todos como "Rosa, la más hermosa" volvía de una prueba con una pequeña de unos cinco años. Al ver a Pablo en el pasillo, Rosa le dijo a la niña:

—Lo has hecho muy bien. Eres muy valiente. ¿Ves a ese grandullón? Ha llorado mucho más.

—¿De verdad? —preguntó la pequeña, con los ojos como platos.

—Como un bebé —le aseguró Pablo.

Pero no todo era bueno en este entorno. También existía una parte que ponía a prueba la débil fe del joven.

No entendía el sufrimiento de todos aquellos inocentes. A él siempre le habían hablado de un Dios que era todo amor, bondad y misericordia, y eso no encajaba mucho con lo que veía en el hospital a diario. No tenía sentido que un niño de 3 años o un bebé de 6 meses tuviese que pasar por algo que él no le desearía ni a su peor enemigo.

Pablo tenía la idea, que quizá tú compartas, de una especie de Dios justiciero que te da tu merecido si te portas mal. Algo así como el Karma, pero con túnica y barba blanca. Según esa imagen de Dios, ¿qué podían haber hecho esos niños para merecer tal castigo? ¿Qué había hecho él?

La conclusión era evidente: si esta era la forma de amar de Dios, desde luego a ellos no los quería.

Por aquel entonces, no eran muchos los compañeros de su edad con los que comentar sus preocupaciones. El único con el que coincidía era con Hendry, un chico venezolano con un sarcoma de Ewing en la cadera, no operable y con mal pronóstico.

Como Dios hace lo que le da la gana y tiene pensada para cada uno la mejor de las vidas posibles, es importante que sepas que Hendry quedó totalmente curado con una única tanda de quimioterapia y radioterapia. Los caminos del Señor son inescrutables.

También fueron ángeles para esta familia tanto el personal sanitario como los voluntarios e integrantes de las distintas asociaciones. Estos últimos trataron de paliar la soledad en la que Pablo vivía en el hospital, acompañado únicamente por su padre quien, a pesar de tener muchas virtudes, no cuenta con la de ser el alma de la fiesta.

Entre las funciones de Ricardo se encontraba la de proteger el corazón de su hijo de los duros momentos que se vivían entre aquellas paredes. Cuando uno de sus compañeros fallecía, la planta entera sufría una convulsión. Sabiendo que muchos de ellos eran niños pequeños, podrás imaginar el dolor inconsolable de sus familias, las lágrimas derramadas a escondidas por los sanitarios, los rostros desencajados de los otros padres.

En estas ocasiones desgarradoras, Ricardo pedía a dos voluntarias que pasasen la tarde o la mañana con Pablo en su habitación. Mientras tanto, él montaba guardia en el pasillo, rosario en mano. Era importante, cuenta el padre sin poder evitar una sonrisa, que se tratase de chicas jóvenes para asegurarse de que su hijo no saliera del cuarto.

Porque otra cosa que debes saber es que Pablo no tenía un pelo de tonto ya desde mucho antes de quedarse calvo.

ESTUDIOS

Una mañana, Pablo llegó a una de las salas comunes de la planta y se llevó una sorpresa al ver que su padre charlaba con una joven desconocida. Sobre la mesa —por lo habitual llena de cuentos infantiles y juguetes— descansaba una carpeta y un grueso libro de texto.

—¿Qué haces? —le preguntó con toda la educación de la que fue capaz, pues, aunque no le hacía ninguna gracia lo que sospechaba, su padre siempre le recordaba que por mal que se encontrase debía tratar con el respeto debido a los demás.

La joven se levantó en seguida y le tendió la mano con una sonrisa amistosa.

—Soy Gema, tu profesora de ciencias.

Así, sin toda la parafernalia de las reuniones de presentación y las primeras clases, en el ambiente colorido y perfumado a lejía de una planta de oncología infantil, comenzó Pablo a estudiar 1º de Bachillerato.

El joven Pablo pensaba que su enfermedad se trataría de un paréntesis en su vida. Después de los ciclos de quimio y la operación, se recuperaría y seguiría con su vida. Quizá fuese esta ignorancia la que lo ayudó a ser tan tenaz.

Tenaz es el adjetivo que utilizamos los escritores para decir que alguien es tremendamente testarudo o cabezota, pero, en esta ocasión, serlo le vino bien. Puedes usarlo en tu *curriculum vitae* si es que tú también lo eres.

Lo normal es que, en estas situaciones, los chicos tengan profesores en el hospital y en su casa. Aquí encontró la familia otra piedra en el camino, pues la solicitud de apoyo docente doméstico en Salamanca les fue denegada. Al investigar los motivos les informaron de que en su comunidad autónoma el Bachillerato no estaba cubierto.

Ricardo, tan tenaz como su hijo, decidió recurrir directamente al Consejero de Educación de la Junta de Castilla y León. Gracias a él consiguieron este derecho no solo para Pablo, sino para todos los jóvenes que se encontrasen en la misma situación que él en su comunidad autónoma.

A las dificultades propias de su situación se añadió ahora la necesidad de hincar los codos y estudiar para poder ir sacando las distintas asignaturas que, con suerte, le permitirían acceder a una carrera que le gustase. Por aquel entonces dudaba entre Biología o Veterinaria y en ellas tenía puesta su meta.

Sea como fuere, el joven demostró tener una fuerza de voluntad heroica, en palabras de sus profesores del hospital. Llegó a realizar un examen durante tres horas mientras estaba conectado a un gotero por el que le administraban quimioterapia.

De lo contrario, perdería un año más de su vida y él consideraba que ya había malgastado demasiado tiempo con el pecho anclado a una pared. Terminaría el tratamiento y retomaría su vida de antes. Aquella llena de años, salud, planes y amigos. Aquella que le pertenecía a él y a nadie más.

SE PILLA ANTES A UN MENTIROSO...

Cuando vio su pierna tras la operación por primera vez, Pablo abrió los ojos desmesuradamente y sus labios formaron una O. Sin poder evitarlo, comenzó a llorar de emoción.

—Me han envuelto la pierna como un regalo —exclamó al ver los vendajes. —Pero le falta algo. Hay que buscar un lazo. Un lazo... de Heavy Metal.

Inmediatamente después volvió a quedarse dormido. Estaba, claro, bajo los efectos de la anestesia.

La operación había salido a pedir de boca. Los cirujanos habían podido extraer todo el tumor. Por desgracia, para hacerlo debieron retirar también parte del peroné y seccionar el nervio ciático. Esto suponía que Pablo no podría elevar el pie, pero sí bajarlo. En otras palabras, se había quedado cojo.

Las primeras semanas, la asociación PYFANO proporcionó a la familia una silla de ruedas que le permitía llevar la pierna estirada. Mentiría si dijese que nunca la utilizó a modo de ariete. Cuando estuvo un poco mejor pudo utilizarla como una silla de ruedas normal y realizar alguna que otra carrera ilegal cuesta abajo con su hermano por los parques de Salamanca.

El mismo día en que terminaron de retirarle las grapas comenzó una nueva tanda de tres ciclos de quimio. Los oncólogos son tan majos como implacables, no dan respiro a los pacientes. La razón es bien sencilla: tienen claro a lo que se enfrentan.

Mientras tanto, llegaron los resultados de anatomía patológica y mostraron que el tumor era maligno no, lo siguiente. Así que añadieron unas sesiones extra de quimio y radio para asegurar su destrucción total.

De este modo, Pablo estuvo a la vez con quimio, radio y comenzando la rehabilitación. Fue un tiempo duro que el joven encaró con optimismo, ya que pensaba que era el último esfuerzo antes de recuperar su vida.

Además, no todo tenía por qué ser malo. Con su ingenio seguro que sería capaz de convertirlo en una ventaja. De hecho, lo hizo.

Unos meses más tarde, durante un campamento de verano, se atrevió a retar a otro muchacho, que le sacaba una cabeza, a una carrera. El recorrido era corto, unos 50 metros, y Pablo se ofreció a correr sin la prótesis. Su contrincante aceptó encantado.

Lo que no sabía era que nuestro protagonista se manejaba bastante mejor sin ella. Durante ese tiempo había aprendido a correr a base de dar un paso distinto con cada pierna. El resultado era cómico, pero efectivo.

Así que allí estaban los dos chicos: uno, con la sonrisa del que se sabe vencedor; el otro, con la prótesis en la mano. La carrera comenzó y el otro joven no tardó en sacarle bastante ventaja. Pero Pablo guardaba un as en la manga o, mejor dicho, lo llevaba agarrado en su mano.

Cuando se acercaban a la meta, nuestro protagonista lanzó su prótesis, que atravesó la línea de la victoria antes que su compañero.

—¡No vale! —gritó este.

—Gana quien atraviesa primero la meta, da igual con qué parte del cuerpo y aunque solo sean unos milímetros —se limitó a decir Pablo, encogiéndose de hombros. —Son las normas.

El otro chico intentó replicar, pero, para entonces, el resto del campamento ya jaleaba el ingenio de Pablo. Podemos decir que ganó la carrera por aclamación popular.

Estaba decidido: apretaría los dientes, cerraría los ojos a todo lo que le separase de su objetivo y convertiría la O formada en sus labios al salir de la operación en un grito de guerra.

De hecho, no era raro verle bromear tomando la muleta como si fuese Rambo cargando su ametralladora. Disparaba, quizá, hacia el frío y el temor intensos que amenazaban con rodearlo.

EL MUNDO AMARILLO

Pablo estaba seguro de que no había sido casualidad que nada más comenzar la rehabilitación una de las fisioterapeutas le regalase el libro *El mundo amarillo*, de Albert Espinosa.

Comenzó a leerlo con curiosidad y lo terminó en tres días. Desde entonces no podía dejar de hablar de él. En el libro, el autor narra lo que descubrió durante los diez años que estuvo enfermo de cáncer, pero sobre todo hablaba de los amarillos.

Los amarillos son un nuevo escalafón en la amistad, aquellas personas que no son ni pareja ni amigos, gente que se cruza en tu vida y que, con una sola conversación, puede llegar a cambiártela.

Para Albert sus amarillos fueron tres compañeros de planta de su edad con los que llegó a conseguir esta amistad íntima, esta complicidad y confianza que marca un antes y un después.

Fue entonces cuando Pablo le pidió a Dios un grupo de amigos con los que poder sobrellevar la enfermedad. Chicos como él, que no solo le ayudasen a pasar las largas horas de hospital, sino que pudiesen comprender de verdad por lo que estaba pasando.

¿Qué creéis que hizo Dios? Te adelanto que la respuesta superó todas las expectativas de Pablo.

Todo el lío comenzó cuando, tan solo 15 días después de que hiciese esta oración, comenzaron a llegar otros jóvenes de todas partes de España a la zona del hospital dedicada al cáncer juvenil que desde hacía tres meses ocupaba Pablo en exclusiva. Fue así como empezaron a aparecer sus verdaderos compañeros de armas, los amarillos que había pedido, y sus familias.

El primero en llegar fue Mario, con un sarcoma de Ewing en la cadera. Juntos se ayudaban a pasar los peores momentos. Si Pablo estaba mal, Mario acudía a su habitación a hacerle compañía. Si era este último el que estaba sufriendo, era nuestro protagonista el que arrastraba su pie de gotero hasta él.

Apenas un mes después llegó Guillermo, un año mayor que Pablo, pero que se entendía a la perfección con sus otros dos compañeros, quienes le ayudaron en los primeros momentos, los de más incertidumbre.

A principios de verano de ese mismo año ingresó Adrián, un chico mucho más joven que el resto, apenas 15 años. Gracias a su carácter afable, no tardó en ser recibido con alegría por los demás y se integró perfectamente en el grupo.

El personal del hospital comenzó a llamarlos "los cuatro magníficos". Puedo deciros que Mario, Guillermo y Adrián han sido, sin ninguna duda, "amarillos" para Pablo. Juntos consiguieron que el hospital dejara de ser un infierno.

Fue entonces cuando la unidad de oncología juvenil se convirtió para nuestro protagonista en un segundo hogar. Dios les iba dando todo lo necesario para poder ser felices en medio de un sufrimiento que no era pequeño.

Se lo pasaban bien. Muy bien. Si no estaba en aislamiento, Pablo entraba en su habitación únicamente a dormir. El resto del día estaba junto a sus amarillos en la habitación de uno de ellos que casi siempre estaba encamado, pero eso no impidió que hicieran lo que les dio la gana.

Desde pedir pizzas y conseguir que el repartidor subiese directamente a la planta hasta organizar una guerra de agua contra el personal, armados con las enormes jeringuillas de las bombas de morfina, pasando por los sustos.

Quizá se pasaron de la raya cuando decidieron gastarle una broma a una voluntaria en su primer día. Se les ocurrió montar una escenita en la que Mario, que sabía latín, fingía estar endemoniado, mientras los otros movían la cama y golpeaban las paredes del baño.

Pablo llegó incluso a quedarse a dormir en la planta sin estar ingresado, solo por pasar el rato con sus amarillos. Fueron días llenos de dolor y alegría, de lágrimas y sonrisas a partes iguales. Solo Él puede convertir una situación así en algo por lo que dar gracias. Puede que estés pensando que a ti Dios no siempre te ha dado lo que has pedido, y menos así de rápido.

Si es tu caso, déjame decirte algo. Puede que Él no te haya concedido lo que querías, pero puedes estar seguro de que te da cada día exactamente lo que necesitas.

Si aún no lo ves, sigue leyendo y pronto lo verás.

LIBERTAD

Largo y doloroso fue el camino de Pablo hasta terminar el tratamiento. Desde que comenzase con la operación en la que se le colocó la vía por la que se le pondrían las quimios hasta la revaluación en la que le dijeron que estaba limpio transcurrieron ocho meses.

Estaba curado. Al menos en teoría. Hizo planes para las primeras semanas y para el resto del verano. También para el siguiente curso y, en realidad, para toda su vida.

Como ya vas conociendo a este joven inquieto, no te habrá extrañado nada lo que te acabo de contar. Desde que estuvo libre, en su casa no volvieron a verle el pelo, que tenía poco, pero ya comenzaba a crecerle de nuevo.

—Volverá cuando tenga hambre —solía decir su madre con una mezcla de preocupación y comprensión.

Tanto trajín le provocaba a nuestro protagonista algunas molestias que le asaltaban sobre todo por la noche.

Le dolía porque, para caminar, debía usar una prótesis en forma de "L" que mantenía siempre el pie en la misma posición y forzaba a la cadera a adaptar el movimiento. La rehabilitación había ido muy bien. Mejor que bien. Vamos, que los traumatólogos habían flipado.

Pablo, como el culo inquieto que era, no solo caminaba perfectamente con una prótesis que no dejaba de ser un apaño, sino que había aprendido incluso a correr. Es cierto que verlo en carrera era, cuanto menos... curioso, pero corría.

De esta guisa, se presentó a la primera revaluación, a finales de agosto. Para septiembre ya tenían todos los resultados: estaba limpio. Parecía que la pesadilla había terminado.

En realidad no había hecho más que comenzar.

RECAÍDA

Tres meses y medio más tarde, a mediados de noviembre y tras la segunda revaluación, el médico trajo malas noticias. Fue una consulta extraña, con una mezcla de dura realidad y optimismo.

Por un lado, los oncólogos habían encontrado en el pulmón derecho de Pablo varios nódulos y creían necesario retirarlos con urgencia. Por otro, las palabras del jefe del equipo transmitían cierta tranquilidad.

—Nos han metido un gol —explicó, —pero el partido continúa.

La noticia cayó como un jarro de agua fría a toda la familia. Sin embargo, el más afectado fue Pablo. Él había luchado como un auténtico héroe, ya había hecho su parte. Estaba curado. No podía entender cómo Dios le podía hacer algo así a él. ¿No había sufrido ya bastante?

Mientras tanto, sus padres trataban de apoyarse en lo único que nunca les había fallado: la fe. Así pues, pidieron para su hijo el sacramento de la unción de enfermos y, apenas 5 días después de la consulta, le operaron.

La intervención salió bien. Tras el estudio de los nódulos se determinó que eran cancerígenos. Vuelta a empezar. Le colocaron un nuevo Port-a-Cath, en esta ocasión en la arteria subclavia izquierda, pues la derecha había quedado muy tocada por la quimio anterior.

El tratamiento propuesto consistiría en radiar la zona y volver a administrar varios ciclos de quimio. En esta ocasión, el fármaco era específico para el tipo de cáncer de Pablo y había demostrado ser muy efectivo, pero le provocaría los mismos efectos secundarios que el anterior.

Un planazo, vamos.

Como símbolo de rebeldía, y dado que se le iba a caer de nuevo, Pablo decidió teñirse el pelo de rojo. Así pertrechado, con toda la pinta de adolescente malote, se presentó de nuevo a la batalla. Los ciclos comenzaron enseguida y demostraron ser aún más agresivos que los anteriores. Pasó casi todas las semanas ingresado.

De este modo pasaron las navidades y llegó el 2019. Durante este tiempo, el joven debía permanecer en Madrid incluso la semana buena de la quimio, pues le estaban administrando la radio a la vez.

Con todo, Pablo parecía estar bien. Mantenía su sentido del humor y su apetito voraz, siempre que no tuviese llagas en la boca o se tratase de la comida del hospital. Sin embargo, lo que estaba empezando a ocurrir en su interior era bien distinto.

AL MAL TIEMPO...

Como en toda buena historia de aventuras, no fueron pocas las veces en las que nuestro protagonista estuvo a punto de perder la vida. Os contaré solo una y, quizá, podáis ver en ella cómo una sencilla oración brotada del corazón puede hacer milagros.

No obstante, el relato comienza con Mª Carmen, justo en el momento en que su hijo y su esposo deben regresar al hospital. Incluso habiendo pasado en casa la semana buena, los encontró a ambos especialmente cansados, pero su cita era ineludible. Como buena madre, una idea se fue forjando en su interior y, ¿qué crees que pasó?

En efecto, ese mismo viernes, tras la semana de quimio, la buena mujer se subió a un autobús y se plantó en Madrid por sorpresa. De este modo, Ricardo pudo descansar mientras la madre podía dedicarse a cuidar de Pablo durante el fin de semana.

Tras este cambio de aires para los tres, cada uno volvió a su rutina. Sin embargo, el miércoles Pablo comenzó a tener fiebre alta al mismo tiempo que su madre presentaba síntomas gripales.

Os recuerdo que, durante el tiempo en el que nuestro protagonista estaba bajo de defensas, un simple resfriado podía ser fatal. Podéis imaginaros la preocupación de una madre en un momento así.

De nada sirvieron las explicaciones, pues una gripe podía venir de cualquier lado, incluso podría haber sido Pablo el que se la hubiese contagiado a ella. Mª Carmen estaba desolada pensando que su hijo podía morir por su culpa.

La verdad es que la situación era preocupante. Los cultivos mostraban infección y la analítica unas defensas a cero. El cuadro se prolongó durante tres días y el joven fue ingresado en aislamiento. Durante este tiempo la fiebre no bajó en ningún momento.

Una noche Pablo refirió encontrarse realmente mal. Su padre avisó a la enfermera quien, tras valorar su estado, decidió avisar a la oncóloga de guardia. Fue entonces cuando la habitación se convirtió en una escena de película.

La joven médico daba órdenes mientras las enfermeras volaban por los pasillos, administrando un fármaco tras otro sin resultado. Pablo no mejoraba. Comenzó a tiritar primero y a convulsionar después. Fue entonces cuando llamaron a la médico adjunta con urgencia.

Mientras venía, la residente pautó a la enfermera cargar una ampolla de adrenalina y que clavase la aguja en el brazo, pero que no la administrase todavía. Durante este tiempo, Pablo había ido adquiriendo un aspecto mortecino.

A Ricardo, al ser consciente de que estaba asistiendo a la muerte de su hijo, le brotó del corazón esta oración: "Señor, si te lo quieres llevar, tuyo es. Pero, por favor, que no sea ahora. Mª Carmen se me muere de pena y de culpa".

¡Y se produjo el milagro!

Pablo comenzó a recobrar el color al instante y, poco a poco, dejó de temblar. Unos minutos después estaba como si nada.

—Vaya susto nos has dado... —le dijo una auxiliar que había permanecido todo el rato a su lado.

—Pues yo no me he visto tan mal —respondió el joven.

Esa noche su padre durmió poco y lloró mucho. Eran lágrimas de agradecimiento y alegría.

Si había algo que hacía sufrir al joven más que la propia enfermedad, era ver cómo su madre se rompía por dentro cada vez que lo veía sufrir sin poder hacer nada para remediarlo. No podía verla así.

Fue entonces cuando se preguntó a sí mismo si de verdad era tan egoísta como para hacer pasar a la persona que más quería por eso cuando podía, simplemente, callarse. Con la idea de no hacer sufrir a su familia en la cabeza y una determinación en el corazón, Pablo dejó de quejarse.

Para el resto del mundo, Pablo podía estar más o menos cansado, pero siempre estaba bien. Poco a poco se fue aislando de los demás. "Estoy bien" era su respuesta automática, y así levantó un muro infranqueable, una máscara que pretendía proteger a los suyos.

A pesar de que esta decisión había partido del amor, Pablo tenía la sensación de que dentro de él todo estaba mal. Seguía viviendo su vida sin Dios y se sentía vacío por dentro. Cada vez se aislaba más; pasaba mucho tiempo solo, sin salir de su pequeño cuarto, sin querer hablar con nadie.

Siempre estaba demasiado cansado, siempre diciendo que quería dormir. Pero lo que en realidad necesitaba era dejar de sentirse tan desolado y destrozado por dentro.

Estaba harto de sufrir, no entendía dónde estaba Dios en medio de una situación que le estaba destrozando la vida. Solo quería echarse a dormir y no despertar hasta que aquella pesadilla hubiese terminado. Necesitaba pasar aquella ola inmensa buceando por debajo, pues sentía que, de otro modo, le destruiría.

Durante este tiempo Pablo intentó anestesiarse como pudo, como suele hacerlo el resto de los chicos de su generación. Se aferró a todo lo que una pantalla podía ofrecerle. Consumía cualquier cosa que pudiese abstraerlo lo suficiente como para no tener que pensar en una realidad que no soportaba.

En pocas palabras, se alejó de Dios. Dejó de ir a misa, pasaba meses sin confesarse y no quería saber nada de ese ser supremo que lo veía cómo sufría sin hacer nada para evitarlo. De hecho, Pablo consideraba que una de las pocas cosas buenas de su enfermedad era no tener que ir a la iglesia. Era la excusa perfecta.

Comenzó a vivir inmerso en una bola de pecado que se iba haciendo más y más grande. Tanto que Pablo no conseguía ver salida. Lo bueno de tocar fondo es que, una vez allí, ya solo puedes subir.

TOCAR FONDO

En los inicios de la primavera de 2019, nada distinguía la vida de Pablo de la de cualquier ateo promedio. Mantenía buenas relaciones con su familia y sus amigos, pero no quería saber nada que le recordase a Dios.

Buen ejemplo de ello es que durante este periodo se negó a seguir acudiendo a las celebraciones con su comunidad neocatecumenal. Por un lado, se había sentido abandonado por sus hermanos, quienes aún eran muy jóvenes. Quizá les quedó un poco grande la situación y no sabían muy bien cómo actuar. A pesar de que rezaron mucho por él, Pablo echó de menos un acompañamiento más cercano que no supieron cómo hacerle llegar.

Por otro, en ocasiones se sentía presionado para dar su experiencia. Le parecía que algunos hermanos esperaban que hablase siempre de cómo Dios le estaba ayudando en medio de su enfermedad.

Como tú ya sabes, la realidad era bien distinta.

Poco a poco se fue alejando también de la eucaristía, y del rezo de los laudes con sus padres los domingos. La única excepción la constituían los días en que esta oración le pillaba en su casa de Salamanca, con sus hermanos. Aun así, guardaba un silencio sepulcral sobre su experiencia espiritual o lo que podía haberle dicho la palabra de Dios.

Pues bien, justo en este periodo en el que el demonio había conseguido que Pablo cerrase los ojos del alma, la vida le exigía un esfuerzo extra. Fue en este periodo cuando tuvo que prepararse la evaluación del Bachillerato para el acceso a la universidad (EBAU). De ello dependía que al año siguiente pudiese empezar una de las carreras que le apasionaban.

En general, esta prueba genera muchas tensiones en los alumnos. Súmale los síntomas de un tratamiento combinado de quimio y radio y tienes la tormenta perfecta.

En el momento de examinarse de la EBAU, Pablo se encontraba totalmente "desfondado", con sufrimientos físicos e interiores muy grandes y sus padres realmente preocupados. De esta forma, mientras él estaba haciendo uno de los exámenes de la EBAU en el salón de la vivienda en Salamanca, Ricardo cogió el móvil de su hijo menor de edad, el cual tenía la misma clave de acceso que el resto de los móviles de la familia, y dedicó el tiempo del examen a visualizar algunos contenidos de su móvil. Tras esta lectura llegó a la dolorosísima conclusión de que Pablo estaba realmente mal, a punto de tirar la toalla y destruir su vida.

Terminado el examen, padre e hijo se sentaron a hablar de hombre a hombre. De hombre que sufre, pero ha encontrado el sentido de su vida en la fe en un Dios que es Amor, a hombre que sufre y no encuentra ya sentido en nada. Fue una conversación intensa, sin reproches, sin huidas, de amor de padre a amor de hijo, donde el hijo aceptó la ayuda del padre, y el padre agradeció la disponibilidad del hijo.

¡Viva la gracia de estado!

¿Cómo? ¿Que no sabes lo que es? Pues es la ayuda extraordinaria que el Espíritu Santo da a quienes por medio de un sacramento aceptan una nueva responsabilidad. Desde luego, a los padres los asiste. Esta no era la primera vez que el matrimonio rescataba a uno de sus hijos *in extremis*.

Por su parte, Mª Carmen aportó todo el amor y ternura que llevaba en el corazón. No era una ilusa, sabía que su hijo debería enfrentarse al demonio en otras ocasiones. Pero allí estaría ella con su ejército de madres, rosario en mano.

Velaría personalmente por que Pablo estuviese preparado para la hora de la prueba.

CONVERSIÓN

BÚSQUEDA

En medio de toda esta crisis, Pablo seguía sin tener una experiencia real de Dios. Decidió entonces hacer borrón y cuenta nueva. Daba igual lo que le hubiesen contado hasta ahora. Solo iba a creer en aquello que pudiese comprobar por sí mismo.

Fue así como comenzó su búsqueda, armado únicamente con un método científico, admitámoslo, un poco de andar por casa.

El joven partió de la base de realizar un ejercicio de introspección. El objetivo era buscar con qué cosas se sentía cómodo y con cuáles no. De este modo descubrió lo mucho que le llenaba la naturaleza.

En comparación, las iglesias le parecían tristes, recargadas y, en pocas palabras, más feas que pegar a un padre con un calcetín sudado. Pablo sentía que en la naturaleza podía encontrar algo más simple y humilde, algo que le hablaba de un Dios vivo y no solamente de dolor y sufrimiento. De eso ya tenía suficiente en su propia vida.

Fue así como encontró la Wicca. Se trata de una religión neopagana que busca, entre otras cosas, revivir la cultura celta. Para Pablo lo tenía todo. Se basaba en la relación entre el ser humano y la naturaleza y le hablaba de encontrar su verdad.

Proponía emprender un viaje de búsqueda en el que debía ir probando diferentes cosas e ir quedándose con lo que a él le funcionaba. Además, su estética le encantaba y todo lo que le decían le sonaba muy razonable.

Pablo abrazó esta creencia y, aunque todo le parecía bien, había algo que no terminaba de encajarle. No tardó demasiado en descubrirlo: muy a su pesar, le era imposible renunciar al cristianismo.

Si bien era cierto que él no había tenido una experiencia real de Dios, sí que había visto en demasiadas ocasiones lo que pasaba cuando alguien se encontraba con el Resucitado. Había algo especial en la vida de estas personas y, aunque a Pablo se le escapase o no llegase a comprenderlo, no podía negar que ese algo existiese.

Durante un tiempo el joven intentó encontrar un punto medio entre la Wicca y el cristianismo, pero a Dios no le gustan las medias tintas. Como dice la hermana Claire: "O todo o nada". Ya sabes: Ap 3, 16.

Durante toda esta debacle Dios no dejó de cuidar de Pablo y poner ángeles en su camino. Uno de ellos fue su amigo Juan.

Con él pudo compartir su carga. Era la primera vez que el joven sentía que alguien entendía sus pecados sin juzgarle y, a pesar suyo, le acercaba un poquito más a Dios. Con este amigo podía hablar de todo y, poco a poco, Pablo le fue contando su vida.

Juan le hizo ver las mentiras que el demonio había conseguido que se creyese sobre su historia y dónde le seguía engañando. También le repetía que algún día sería luz para otros. Cuando Pablo le preguntó cómo podría pagarle todo el bien que le había hecho, este respondió que así, siendo luz, saldaría su deuda.

PANDEMIA

En septiembre de 2019 el bullicio del campus universitario de Salamanca significaba, para un joven totalmente calvo que acababa de terminar con la quimio, la esperanza de volver a abrazar una vida "normal". Lo haría, además, estudiando una carrera que le encantaba: Biología.

El inicio de curso estaba siendo increíble. Después de tanto tiempo de hospital, Pablo por fin podía empezar su vida de cero. Gracias a su carácter extrovertido, conoció a mucha gente e hizo buenos amigos. Volvía a sentirse vivo.

El joven tenía más ganas de disfrutar de esta nueva vida que de estudiar, por lo que suspendió la mitad de las asignaturas del primer semestre. Aunque para ser justos, os debo contar que después del tratamiento con quimio Pablo no era capaz de recordar muchos de los conceptos que había aprendido en Bachillerato.

En medio de esta nueva vida, el joven sospechó que algo iba mal con Mario, uno de sus amarillos. Ni corto ni perezoso, pidió a sus padres que le llevaran al hospital. Quería verle en persona.

Su amigo no le cogía las llamadas ni contestaba a sus mensajes. Ricardo y Mª Carmen, tras hablar con su madre, confirmaron la peor de las sospechas: habían pasado a Mario a paliativos.

Cuando los Alonso Hidalgo llegaron a planta, la familia les informó de que el joven no quería ver a nadie, pero quizá Pablo podía intentarlo. Cuando el joven entró en la habitación, la persiana estaba bajada, y todas las luces apagadas.

—Me tienes que dejar hablar contigo —dijo rompiendo el denso silencio. —Te traigo jamón de Salamanca.

Cuatro horas más tarde, los dos jóvenes seguían hablando en susurros, a solas, rodeados de penumbra. Hablaron de muchas cosas, pero sobre todo, Pablo pudo hablarle de la vida eterna.

Esa fue la última vez que se vieron, al menos en esta tierra.

De este modo llegó el 15 de marzo. Desde esta fecha, no solo nuestro protagonista, sino España entera podría experimentar lo que significaba la palabra "confinamiento". Había llegado la pandemia.

Para Pablo tuvo que ser un jarro de agua fría. Había pasado ya por tres revaluaciones y en todas ellas el resultado era el mismo: estaba limpio. Y ahora venían y lo recluían por algo totalmente ajeno al cáncer.

El joven dedicó estos meses a acampar en su balcón, armado con unos prismáticos. Desde allí observaba la fauna que, en ausencia de tanto barullo humano, había tomado el parque frente al que vivía. Encontró, entre otros, un pequeño ratón blanco y marrón que varias veces al día cruzaba con parsimonia de una alcantarilla a otra. Acabó por bautizarlo con el nombre de "Ratencio".

Durante este confinamiento, la familia Alonso Hidalgo se vio obligada a celebrar online los oficios de la Semana Santa. Pablo participó de buen grado en todas las celebraciones, e incluso se puso sus mejores galas para vivir la Pascua. Gracias a Dios, los peores momentos de su crisis de fe habían quedado atrás.

Desde Salamanca, el 12 de mayo de 2020 y acusando aún el dolor de la pérdida de su amigo, Pablo emprendería su propio camino. Uno que transitaba senderos que, por desgracia, ya le eran familiares.

SEGUNDA RECAÍDA

Un año después de su última quimio en Madrid, Pablo volvía a tener cáncer. Los médicos habían encontrado varios focos: tres nódulos en el pulmón, uno en la espalda y metástasis en el páncreas.

Cuando el joven solo podía pensar en disfrutar y relajarse un poco, apareció de nuevo la maldita enfermedad. Debería empezar una vez más un tratamiento que era más agresivo en cada ocasión.

¿Cómo se lo tomó nuestro protagonista? Para serte sincera, sintió que le arrebataban todas sus esperanzas. Estaba muy frustrado con todas las cosas que había planeado y ya no podría hacer. Con el cáncer tenía que vivir día a día. La premisa era: "hoy estás aquí y no sabes dónde estarás mañana". Durante este periodo, Pablo tuvo la tentación de volver a aislarse. Gracias a Dios, enseguida llegó el verano y tanto sus hermanos como sus cuñados pasaban cuando podían por la casa de Madrid. Además, durante sus semanas buenas, el joven aprovechaba para irse a Sanabria, a Berzocana, el pueblo de su madre, o a cualquier plan que se le presentase. Y hacía bien.

El programa consistía en 6 ciclos de quimio, una revaluación para ver si el tratamiento estaba siendo efectivo y, en caso afirmativo, otros 6 ciclos más. Pues bien, a principios de septiembre los oncólogos comprobaron que, si bien la quimio estaba funcionando, no era suficiente para curar a Pablo, aunque sí que podía mantener a raya al cáncer mientras encontraban una alternativa.

Fue entonces cuando decidieron el autotransplante de médula ósea.

Tras un proceso de estimulación de la médula bastante doloroso, lograron recolectar suficientes células madre y los médicos pusieron fecha a la intervención. Unos días antes, Pablo solicitó que se le administrara el sacramento de la unción de enfermos.

Curiosamente, la recibió del que se convertiría más adelante en su director espiritual, el padre Desiderio, en la capilla del que un par de años después sería su convento. Desi le regaló entonces un maravilloso libro titulado *El niño, el topo, el zorro y el caballo.*

El carmelita supo darse cuenta de que para el joven no era momento de sermones, sino de algo más sencillo como este cuento, que habla de la esperanza, la amabilidad y la bondad. Una fábula que le ayudaría a mirarse por dentro.

Del 1 al 6 de febrero de 2021, Pablo estuvo recibiendo dosis diarias de quimio con el fin de acabar con su propia médula ósea. Se llevó a cabo en una zona de aislamiento estricto conocida como "la burbuja", con la única compañía de su madre.

Fue un proceso largo y duro en el que, tras transfundirle sus propias células madre, se esperaba que la médula volviera a funcionar. Con muchos altibajos, finalmente los médicos le dieron el alta el 16 de marzo.

Pablo acababa de pasar por una de las pruebas más difíciles de su vida. Esta incluyó dolor y agotamiento extremos, e incluso un episodio de intoxicación por un fármaco que provocó que, a pesar de estar consciente, su cuerpo no le respondiera en absoluto.

Cuando salió de la burbuja, el personal de la planta le hizo un "pasillo" aplaudiendo. Él seguía muy cansado, pero feliz. Su grito de guerra final fue: ¡Qué buen Dios tenemos!

Y, como al principio de todo esto, tres años y medio antes, escogió para celebrar y agradecer su victoria el lugar en el que mejor y más veces había encontrado a Dios: la naturaleza.

PREGUNTAS

Con su brillante cuero cabelludo, su rostro pálido curtido bajo los mejores fluorescentes del hospital y su mirada sin pestañas, tenía más apariencia de fantasma que de resucitado. Y, sin embargo, a Pablo lo había sacado de la muerte el único que tenía poder para hacerlo.

Acababa de pasar por una operación de páncreas, seguida de un posoperatorio durísimo. Gracias a Dios, todo había salido bien y nuestro protagonista estaba más o menos recuperado. Al menos lo suficiente para volver a su vida de trotamundos.

Eran precisamente sus ganas de vivir las que explicaban su presencia aquel día en el Santuario de Nuestra Señora de la Esperanza, en Onda. Desi, quien desde ese viaje se convertiría en su director espiritual y uno de sus amarillos, lo había invitado a pasar unos días con los carmelitas.

Cuando se lo propuso, Pablo sopesó los pros y los contras. Por un lado, podría escapar de su rutina y, además, estaba el atractivo de que la mitad del convento era un museo de ciencias naturales. Por el otro... nada en absoluto. Como comprenderás, no dudó mucho en aceptar la oferta.

El joven estaba cansado y desilusionado con la vida. Se le estaban acabando las fuerzas para continuar disimulando, y eso comenzaba a notarse. Allí el joven hizo un pequeño gran descubrimiento. Teniendo largos ratos de aislamiento, y sin el apoyo de las pantallas, pudo comprobar cómo el silencio y la soledad sin Dios son un auténtico infierno.

Puedes ser muy autodestructivo, tener baja autoestima o estar profundamente metido en el pecado. Si mantienes esta anestesia consistente en estímulos continuos, podrás acallar más o menos tus pensamientos. Sin embargo, en el silencio no puedes huir de tus demonios.

Desi pensó que iría un poco a su bola en lo referente a la vida de comunidad. Para su sorpresa, nuestro protagonista se presentaba cada mañana puntual a los rezos. Muerto de cansancio, pero allí estaba.

Tras la eucaristía y un buen desayuno el plan era tan sencillo como agradable para Pablo. Salían a diario a caminar por la montaña. Durante sus paseos, el carmelita aprovechó bien su oportunidad para hablar con el joven.

Pablo estaba pudiendo escuchar las acusaciones de sus demonios de maravilla. Por suerte, Desi estaba allí para acompañarlo en este trance. Cuando comenzó a abrirse, el carmelita le dijo que la crisis es una parte esencial del crecimiento espiritual. Tanto es así que al maestro general de los dominicos, que siempre hablaba de esto, le regalaron una camiseta que citaba: "*Have a good crisis*".

Nuestro protagonista no tardó en comenzar a realizar preguntas de todo tipo. Lo hacía siempre que se encontraba con alguien que creía más sabio que él. Le interrogó sobre cómo orar o leer la Biblia, sobre la atracción que sentía por la naturaleza, por el modo correcto de discernir una vocación, sobre por qué las adicciones se habían extendido tanto entre los jóvenes, sobre el sentido de la vida y del mal, sobre si el hombre es libre o todo está ya predestinado...

De un modo u otro, el carmelita siempre se las arreglaba para acabar hablando de Dios. Cuando nuestro protagonista le preguntó para qué servían los votos que había hecho como fraile, este respondió:

—Me hacen más libre y gracias a ellos puedo ser feliz.

—¿Eres feliz? —Preguntó Pablo con cierto asombro.

—Sí —contestó Desi. —¿Tú no?

El joven no contestó. Su rostro reflejaba preocupación. Quería creer, pero aún no estaba seguro de que la experiencia que tenía de Jesús fuese algo real o una ilusión promovida por su educación y su entorno.

—¿Qué crees que necesito? —Inquirió al fin.

—A Dios. Dejar de estar tan enfadado con Él, que no tiene la culpa de nada —respondió el carmelita. —Y trabajar en rutinas saludables.

Estuvieron hablando entonces sobre la diferencia entre los hábitos tóxicos y los saludables, y cuáles debía fomentar. El carmelita le explicó que, según su experiencia, la vida espiritual era como ir al gimnasio. Se necesita de tiempo y disciplina, de horarios, de priorizar a Dios por encima de otras cosas y de controlar el maldito móvil.

Tienes la suerte de que, como Pablo era un joven normal, todo lo que acabo de contarte puede valer perfectamente para ti. No hay sitio demasiado oscuro, ni pozo demasiado profundo, del que Dios no pueda rescatarte. Solo recuerda, invoca a Dios, fomenta hábitos espirituales saludables y... *have a good crisis.*

Por pura providencia, nuestro protagonista coincidió en Onda con un matrimonio salmantino que conocía a su hermano Juan. Lo invitaron a comer a su casa y Pablo, como siempre, dijo que sí. Se sintió muy acogido por su hospitalidad, pero sobre todo por su hija.

Esa misma tarde se lo llevó a la playa con unos amigos que, en palabras del joven, le transmitieron muy buena vibra. Hablando con una de las chicas, ella le contó que iba todos los años a un encuentro que se celebraba en septiembre en Salamanca. Le dijo que, por su parte, estaba más que invitado.

Pablo no dudó en acudir, ligeramente influido quizá porque la muchacha le parecía muy guapa.

Os adelanto que la historia con esta buena chica acabó ahí, porque ese año ella no se presentó al encuentro. Vamos, que le dio plantón.

Así que allí estaba nuestro protagonista, apuntado a un encuentro con un grupo de jóvenes que no conocía de nada. Por no saber, no sabía ni de qué iba aquello. A pesar de todo esto, podemos decir que fue precisamente esta serie de catastróficas desdichas el inicio de una experiencia real de Dios para Pablo.

El encuentro fue, literal y figuradamente, un regalo para el joven. Digo literal porque, como confesaría más tarde, se olvidó de hacer el pago del retiro. Digo figuradamente porque allí descubrió que había otra manera de vivir la fe.

Se trataba de Jóvenes por el Reino de Cristo, o JRC. Para Pablo fue algo increíble. Se encontró de pronto junto con otros 300 chicos como él de todas partes de España que habían acudido voluntariamente. Nadie les obligaba, porque ellos mismos habían tenido un encuentro personal con Jesús. Era todo lo contrario a cómo él había vivido siempre la fe, medio impuesta por sus padres.

Para el joven, aquel encuentro constituyó un antes y un después. Descubrió de una manera muy profunda a Jesús Sacramentado. Jamás había visto a su Dios así. La belleza del Monumento al Santísimo, la música, los cánticos... algo cambió en su corazón.

Tanto es así que, a la semana siguiente, nuestro protagonista presentó un dolor en la rodilla de la pierna derecha que no gustó nada ni a sus padres ni a Nacho, su médico. Solo cuando el episodio se repitió tras el encuentro del siguiente año, Pablo les contó la verdad. Que había pasado las dos noches arrodillado ante su Señor. También les dijo que no se preocupasen, que le dolía, sí, pero que merecía la pena.

JRC no solo le trajo una paz que nunca había experimentado antes, sino que, gracias a este encuentro, pudo conocer otros chicos católicos en su propia ciudad. Desde ese momento formaron un pequeño grupito al que llamaron "Matata" (en contraposición a Hakuna), y comenzaron juntos un camino de fe.

En Onda no había sido capaz de responder a la pregunta de su director espiritual, pero después del encuentro de JRC algo había cambiado, algo que le llevó a exclamar: ¡Soy feliz! Al fin había encontrado un grupo de jóvenes donde vivir la fe.

Gracias a este encuentro con Dios, Pablo pudo experimentar por primera vez cómo se vive el sufrimiento cuando estás a su lado. Poco después de esta maravillosa experiencia, el joven recibió malas noticias desde el hospital, pero esta vez era diferente.

La cruz seguía siendo inmensa, pero ya no le aplastaba. De hecho, una de las primeras cosas que hizo el joven al recibir los resultados fue pedirle a su madre que le acompañase a misa. No estaba dispuesto a perder la conexión que ahora tenía con Dios. Ahora estaba en paz, aun sabiendo que en pocos días comenzaría un nuevo tratamiento.

Pablo lo veía todo bajo una nueva luz. Era capaz de percibir los frutos que su enfermedad estaba teniendo en su propia familia. Ahora su sufrimiento tenía un sentido.

Descubrió entonces que podía ofrecer este mismo sufrimiento. Esto, de algún modo, lo hacía algo más liviano. Ofrecía cada ciclo por personas o intenciones concretas. Se sorprendió pensando en alguna ocasión que ojalá el tratamiento hubiera durado un poco más. Tenía mucho por lo que interceder.

No era masoquismo, no era locura. Era pasión de Dios.

TERCERA RECAÍDA

Mientras Pablo esperaba los resultados de la revaluación que le llegarían al día siguiente, el grupo de jóvenes que había compartido mesa con él en el encuentro se unió en oración, llegando incluso a velar durante la noche. Sin conocerse de más que de un fin de semana, sintieron la necesidad de ayudar a su nuevo amigo del único modo en que podían. Quizá fueron estos ruegos los responsables de lo que pasó después.

Ese miércoles llegaron los resultados. No eran buenos. De hecho, eran peores que malos. Nuestro protagonista volvía a presentar dos nódulos en el pulmón. Los cirujanos tratarían de extirpar el de mayor tamaño, y si no había más focos, quizá también el otro. En el mejor de los casos solo habría más quimio y radio.

La reacción de Pablo fue, en esta ocasión, completamente distinta. Lo demuestra un audio que envió a sus hermanos tras conocer la noticia y que no me resisto a transcribir aquí tal cual:

"Buenas, familia:

Nos han dado estas noticias que son malas, pero bueno, solo malas a nivel humano, ¿no? No es tiempo ni de estar tristes ni de estar mal. Es tiempo de dar gracias. ¿Cómo vamos a estar mal por la historia que Dios ha puesto para que seamos más felices?

Así que nada, mucho ánimo y a rezar como desgraciados también. Yo, personalmente, estoy bien. Mucho ánimo a todos".

Los estudios posteriores confirmaron que no había más focos y, gracias a Dios, programarían una cirugía para extirpar los dos nódulos. Pero antes debía terminar con la radioterapia que le estaban administrando aún en el páncreas.

Durante aquel principio de curso, el principal arma de Pablo sería la oración.

SUSTO O MUERTE

Pablo continuaba con la radioterapia. Aquella semana, con un festivo en medio, Ricardo había propuesto a su esposa, que acusaba un cansancio terrible, que se quedase en Salamanca, pues se trataba de una semana especialmente sencilla. No había pruebas, ni consultas, ni intervenciones, solo las sesiones de radio y para casa.

Mª Carmen pensó en aceptar, pero, gracias a Dios, sintió en su interior que debía acompañarlos. La intuición era tan intensa que no hubo forma de convencerla de lo contrario.

Así pues, los días transcurrían con normalidad. Viaje al hospital, teletrabajo, paseo y eucaristía en una parroquia cercana. Aquel día, el matrimonio se unió por videollamada a la celebración de su comunidad. Mientras tanto, Pablo se fue a su habitación y se perdió en su mundo de música a volumen poco recomendable.

Tras la bendición del sacerdote, el padre de familia fue a su habitación a buscar algo y, al agacharse, sintió como de pronto su cuerpo colapsaba. Mientras se sentía morir solo tuvo tiempo para decirle a su esposa: "Llama al 112, me está dando algo muy serio".

Mª Carmen comenzó a pedir ayuda a su hijo quien, encerrado en su cuarto y aislado con los auriculares, no era capaz de oír nada. Una vez avisados los servicios de emergencias, la mujer entró en la habitación del joven como un vendaval. Fue entonces cuando este fue consciente de la situación.

Mientras la madre bajó a la calle para que la ambulancia no tuviese que estar buscando el portal, Pablo corrió hacia el lugar en el que yacía su padre. Solo podía darle la mano y esperar.

Nuestro protagonista no podía sentirse más culpable. Si hubieran estado solos su padre y él en el pequeño piso, no se habría enterado de que le necesitaba hasta que, horas después, se hubiese dignado a salir de la habitación, extrañado por la tardanza de la cena.

Esta experiencia fue una espinita que Pablo tuvo clavada durante mucho tiempo, pero que le recordaba que no podía volver a estar así, encerrado en sí mismo, ajeno al sufrimiento de los demás.

Para cuando llegó el equipo médico, los síntomas (opresión torácica, sensación de falta de aire, dolor en brazo izquierdo) habían remitido considerablemente.

Por suerte o por desgracia, el enfermero del equipo conocía a Pablo del hospital y le susurró al médico que, con toda probabilidad, se trataba de un ataque de ansiedad, por las malas noticias que habían recibido recientemente. Ante la desaparición de los síntomas y los antecedentes, el facultativo le administró un ansiolítico y le recomendó descansar.

Ricardo durmió bien aquella noche y se levantó cuando sonó la alarma. Este dato es relevante por lo que os contaré a continuación. Tras rezar laudes, desayunar y teletrabajar, el padre de familia comenzó a prepararse para llevar a su hijo a radioterapia.

Todo iba relativamente bien hasta que se fue a poner los zapatos. Cuando se agachó el episodio volvió a repetirse. Mª Carmen estaba justo a su lado por pura providencia, pues, en esta ocasión, Ricardo solo tuvo tiempo de pedir ayuda y tumbarse en la cama antes de perder el conocimiento.

Si hubiese ocurrido durante la noche, jamás hubiese despertado, pues, gracias a la medicación, ni él ni su esposa se hubiesen enterado de nada.

Esta vez fue Pablo quien bajó a recibir a la ambulancia mientras la buena mujer colocaba a su esposo en posición lateral de seguridad, según le indicaban por teléfono.

Cuando el equipo del SUMA entró en la habitación, Ricardo entró en parada. Al instante, los profesionales iniciaron la coreografía perfectamente ensayada de la RCP avanzada.

Mientras tanto, en el salón de la casa, madre e hijo rezaban, abrazados, ante una imagen de la Virgen de Medjugorge. Ricardo llevaba casi cuatro minutos en parada y nada parecía funcionar.

El joven, mirando fijamente a los ojos de madre de María, le suplicó que todo saliese bien, que su padre no se fuese tan de repente. Un soplo de paz le inundó en aquel momento y pensó: "que sea lo que tenga que ser".

Fue entonces cuando los sanitarios decidieron inyectar la adrenalina intracardiaca. Y se obró el milagro.

El corazón comenzó a bombear. Una vez estabilizado, se lo llevaron al hospital. Mª Carmen tuvo la audacia de pedir que ingresaran a Ricardo en el mismo centro en el que, días después, operarían a su hijo. La familia Alonso Hidalgo al completo acudió a Madrid, donde pasaban la jornada de arriba para abajo, tratando de atender a uno y otro.

En el breve espacio de tiempo que pudieron compartir antes de la intervención del joven, este le dio a su padre una reprimenda y un consejo:

—Que sea la última vez que en la camilla estás tú —le dijo muy serio. Luego añadió en un susurro: —Tú no te cortes, ¡pide drogas!

A pesar del humor negro, que nunca faltaba en esta familia, fue un tiempo complicado. Sin embargo, fue este suceso, que con ojos humanos es difícil entender, el que terminó de convencer a nuestro protagonista de que había nacido para algo más.

Esta vez había tomado una decisión: desde aquel mismo instante viviría para servir a los demás. Viviría para Él.

EFFETÁ

A través de sus amigos del grupo "Matata", Pablo fue invitado a un retiro de jóvenes que se hacía en Talavera de la Reina, Toledo. Este señaló una nueva etapa en el combate llevado a cabo por nuestro soldado valiente contra todo lo que le separase de Dios. Allí recibió el alimento y las armas necesarias para su supervivencia espiritual. Necesitaba mantener viva esta llama de amor.

Fue así como nuestro protagonista acabó participando como caminante en el IV retiro de Effetá. Esta palabra tan rara se la dijo Jesús a un hombre sordomudo, que al momento quedó curado. Puedes encontrar el pasaje completo en Mc 7,31-37.

Puedo deciros, sin desvelar nada, que este retiro es una lluvia de gracias del Espíritu Santo y que consiste, principalmente, en jóvenes que se han encontrado con Dios y que ayudan a llevar a Dios a otros jóvenes.

El retiro de Effetá fue para Pablo una ayuda increíble en el que pudo sanar heridas y recibió muchos regalos, entre ellos uno de los más especiales que Dios le había hecho nunca.

Una de las veces que el joven acudió a la adoración vio que, delante del Santísimo, una chica rezaba arrodillada. Si bien es cierto que no tuvieron ocasión de hablar mucho durante el retiro, nuestro protagonista siempre decía que allí se la había presentado Dios. La muchacha en cuestión se llama Prado.

La trayectoria de nuestro protagonista con las chicas había sido, hasta ahora, algo extraña. Hasta el momento nunca se había enamorado. Claro que veía atractivas a muchas chicas, pero cuando le gustaba la personalidad de alguna, la quería como amiga.

Las novias que había tenido habían sido fruto de que sabía que él les gustaba a ellas, y Pablo pensaba: *why not?* No le llegaban a gustar, pero por lo menos sabía que no le iban a rechazar.

Pero con Prado era diferente. Ella era especial. Nada más llegar a casa del retiro Pablo sintió que tenía que escribirle. Comenzaron a hablar a diario, de muchas cosas. Las horas se les iban hasta bien entrada la noche en lo que dieron en llamar "desveladas filosóficas". También rezaban los laudes juntos por teléfono.

A él le parecía increíble haber encontrado a alguien tan parecido a él, con los mismos gustos, las mismas idas de pinza. A ella le había impresionado cómo le brillaban los ojos al hablar de la eucaristía, sin darle importancia a su enfermedad. Se entendían muy bien.

Así estaban las cosas en noviembre de 2021, con un Pablo muy enamorado de Dios y de Prado. En la última revaluación no había ni rastro de la enfermedad y el joven pudo pasar unas navidades tranquilas.

Al informar a su familia de la noticia escribió:

"Seguimos en la incertidumbre de que, por la trayectoria que he llevado, [el cáncer] reaparezca en algún momento, pero que sea lo que tenga que ser. Si no vuelve nunca o si en algún momento reapareciera, gloria a Dios".

ALABANZA

Con sus faros iluminando las pendientes, un Renault Megane avanzaba con tres jóvenes en su interior camino a Las Rozas de Puerto Real, en Madrid. Allí les esperaba Pablo, a quien su padre había dejado unas horas antes para pasar el fin de semana en un encuentro de carismáticos al que Juan les había invitado.

Juan, Prado y su amiga ya habían tenido experiencias similares a las que iban a vivir aquellos días, pero para nuestro protagonista era la primera vez. Pablo, campechano como era, no tardó en sacar una sonrisa a más de uno.

—Ahora cerrad los ojos y pedid al Espíritu Santo que os conceda el don de profecía —decía el sacerdote que les guiaba.

—Yo no veo nada —susurró Pablo con franqueza.

—Recibid lo que veáis sin tratar de interpretarlo —continuaba el presbítero.

—Nada de nada —sentenciaba el muchacho.

Sin embargo, sí que hubo algo que le abrió los ojos a Pablo. Ya había descubierto el gran regalo que era para el alma la adoración eucarística gracias a JRC y Effetá. En este encuentro podría disfrutar por primera vez de la alabanza.

Era una oración que le llenaba el corazón. No paraban de cantar y bailar, dando gracias y gloria a Dios. Le decían al Señor lo grande y bueno que es, lo mucho que le querían. Iban dejándose llevar por el Espíritu Santo y acababan cayendo en las manos de su Creador. Era la oración del rey David cuando bailaba sin poder evitarlo. Con razón dice el Salmo 32: "de los santos es propia la alabanza".

Fue la primera vez que Pablo lloró de alegría en una adoración. Su rostro reflejaba una expresión que era una mezcla entre el llanto contenido y la risa. No parecía él. Juan, con la crueldad solo permitida a los hermanos, le miraba y pensaba: "qué cara de pringado tiene".

Durante ese fin de semana, Pablo conoció a un joven más o menos de su edad que había padecido un cáncer y se había sanado. Sus palabras, en concreto, fueron que Dios lo había curado. Quizá fue debido a esto por lo que, mientras cantaban ante el Santísimo, la frase "ya no hay enfermedad" le atravesó como un rayo.

Cuando nuestro protagonista contó su experiencia, el sacerdote que llevaba el retiro se encargó de ponerle los pies en la tierra, diciéndole que aquello no quería decir que estuviese curado, sino que Dios tiene poder sobre toda dolencia, que en el Cielo ya no existe el dolor y que iban a rezar por él.

Sin embargo, Pablo comenzó a albergar en su corazón la secreta esperanza de que su cáncer fuera cosa del pasado.

LA VIRGEN DE FÁTIMA ATACA DE NUEVO

Fue de nuevo ante la Madre de Dios donde el amor de los dos jóvenes adquirió un carácter oficial. Cada año se celebra en Fátima un encuentro multitudinario de JRC, ARC y FRC (jóvenes, adultos y familias por el Reino de Cristo, respectivamente). Pablo y unos amigos querían ir, pero no tenían cómo hacerlo.

Nuestro protagonista aprovechó este inconveniente para conseguir mucho más que un coche. Puso su pillería a trabajar para conseguir que sus padres disfrutaran también de este encuentro. Primero le preguntó a Ricardo si podía llevarlos el viernes hasta allí. Luego, le propuso a su madre pasar en Fátima el fin de semana, así también les traían de vuelta. Se ofreció a encargarse él mismo de buscarles alojamiento.

Lo siguiente que supo el matrimonio era que el joven les había reservado ya un hotel y, como era mucho más barato para los participantes del encuentro, les había apuntado, así que Ricardo debía pedir dos días libres en el trabajo.

La verdad es que la convivencia con otras familias cristianas fue una bendición para el matrimonio. Allí pudieron recibir algo de este Espíritu que inundaba a su hijo. Pudieron gustar de la gran diversidad de movimientos que el Espíritu Santo suscita en su Iglesia. Cada uno en su carisma, cada uno en su "formato", ayudando a las almas a acercarse a este Dios que les espera con los brazos abiertos. Allí había unidad, no división.

Como colofón a esta lluvia de gracias, el último día del encuentro el matrimonio pudo asistir a otro pequeño milagro.

Pablo les confesó que llevaba un mes preparándose junto a Prado, que sería su madrina, para consagrarse a la Virgen de Fátima. Fue una celebración íntima en la que el joven, arrodillado en la penumbra de la explanada, ofreció todo su ser a la Madre.

Pobre insensato. ¿Os acordáis de que os dije que esta buena Señora es una lianta? Ya veréis, ya.

Para Ricardo y Mª Carmen todo aquello era un cúmulo de bendiciones. En aquel mismo lugar habían puesto bajo el manto de la Virgen su matrimonio, en su luna de miel. Allí también habían rogado por su pequeño hijo, su corderito. Y ahora, este mismo hijo le entregaba su vida entera.

Ah, se me olvidaba.

Durante todo este encuentro, Pablo estaba atacado de los nervios, pues se moría de ganas de pedirle a Prado que fuese su novia. Por primera vez, tenía miedo de ser rechazado. Ante tanta incertidumbre, el joven decidió hablar con un sacerdote quien, tras escucharle, le aconsejó que esperase un tiempo más.

Como a nuestro protagonista no le convenció mucho la respuesta, buscó a otro cura y, este sí, le dio luz verde. Así era este chico, un hombre de recursos. Armado al fin con la bendición eclesial, invocó al Espíritu Santo y allá que fue.

Por hacértelo corto, ella dijo que sí y Pablo fue corriendo a ponerle una vela a la Virgen para que, desde el principio de su relación, ella fuese por delante. Y lo hizo. Los dos jóvenes se querían mucho y bien.

Bailaban *twist* y *rock'n'roll*, iban al rastro, paseaban por la naturaleza y, sobre todo, se acercaban juntos a Dios. Parecían una pareja de jubilados, solía decir Pablo con una sonrisa. Y eso estaba muy bien porque, como oí en una charla sobre el noviazgo cristiano: "Los novios, si quieren discernir, tienen que hablar mucho, tocarse poco y rezar juntos".

Una de las gracias del matrimonio es que te conviertes en la ayuda adecuada de tu cónyuge. Pero esta ayuda no es para que le vaya bien en la vida (o no solo). Es para acercar al otro cada día más a Dios.

Pablo y Prado nunca se casaron y, sin embargo, creo que Dios les concedió este privilegio. No faltó un solo día en el que no rezasen el uno por el otro y ella pudo acompañar a Pablo hasta el final. Sé que él también estará con ella hasta que se vuelvan a encontrar.

PD: La charla se llama "CÓMO TIRAR LA CAÑA CON ACIERTO by Pep Borrell". La puedes encontrar en YouTube y, si estás en este momento vital, puede darte algo de luz. Lo que es seguro es que te echarás unas risas.

Llegados a este punto de la historia, y sin querer sonar repetitiva, tengo que contarte que Pablo tuvo otra recidiva. Ya vamos por la cuarta.

La noticia llegó después de su segundo retiro de Effetá y, la verdad, esto le ayudó a tomárselo mucho mejor que en otras ocasiones. Durante la consulta en la que le dieron los resultados, le informaron, también, de que debía pasar al hospital de adultos. Con 20 años ya no colaba como niño.

Una vez superada la decepción inicial –pues él se había agarrado a la esperanza de que la letra de aquella canción de alabanza fuera un mensaje del Cielo para él– el joven se levantó y les dio las gracias a las doctoras ya que se imaginaba que tampoco debía ser fácil para ellas informar en estos casos. Nuestro protagonista se permitió por primera vez llorar junto a sus padres.

Decidió, también, llamar uno a uno a sus hermanos para contarles los resultados, pero tratando de tranquilizarlos. Les dijo que hasta se alegraba de tener una nueva oportunidad de usar el sufrimiento como trampolín para llegar a Dios. Estaba realmente ilusionado por comenzar el tratamiento y hablar del amor de Dios en medio de un ambiente tan duro como es el hospitalario.

De hecho, pidió redactar él una pequeña introducción al parte de guerra que harían público para toda la gente que preguntaba y rezaba por él. Decía así:

"No son buenas noticias, pero estoy muy contento. A nivel humano es algo duro, pero no pienso estar triste por este acontecimiento que estoy seguro de que se ha puesto en mi vida para mi felicidad y para mi familia. Quiero tomármelo como una nueva

oportunidad, para que la gente conozca lo que el jefe ha hecho en mi vida, y sé que el cómo estoy escribiendo esto es prueba de ello. No es una noticia de muerte, sino de vida, y toca dar gracias por ello. Os quiero un montón a todos, y toca seguir adelante, que seguro me espera algo increíble".

Pablo así lo creía de corazón. Lo que no sabía era que pronto pasaría por unas de las semanas más duras de su vida. Otro de sus amarillos, Guillermo, se había quedado sin arsenal, pero había conseguido entrar en un ensayo experimental.

Lamentablemente, el tratamiento no funcionó. Con los pulmones al 30 % Guillermo escribió a nuestro protagonista y quedaron para hablar. Los dos amigos pudieron despedirse por teléfono.

Poco tiempo después, a Pablo le dijeron en consulta que, debido al alto número de recaídas que había tenido, su enfermedad ya no se consideraba curable sino crónica. Le informaron de que lo más probable es que tuviese más recaídas en el futuro y de que el objetivo era encontrar un equilibrio entre los tratamientos y una calidad de vida aceptable.

No era la primera vez que los médicos le daban esta información, pero sí la primera en la que el joven y su familia eran capaces de asimilarla.

Al día siguiente de esta consulta, el 21 de abril de 2022 su amigo falleció. En este momento el miedo golpeó como una ola gigantesca a nuestro maltrecho protagonista. Era inevitable. Él era el siguiente. No había escapatoria, moriría igual que Mario y Guillermo.

EN LA SALUD Y EN LA ENFERMEDAD

La sombra de la chica con largo pelo castaño se encontraba en el centro de los pensamientos de Pablo. El joven estuvo toda la semana pensando que, quizá, su relación terminaría con la llegada del cáncer. Sin embargo, ella permaneció a su lado.

Nuestro protagonista estaba encantado de su decisión, pero había un pequeño problema. Él se había acostumbrado a llevar su enfermedad solo. Ahora debía aprender a dejarse ayudar y esto no siempre era fácil.

Cuando Pablo se encontraba realmente mal, leía los mensajes que le mandaba Prado, pero no solía responderlos. Ese había sido su *modus operandi* hasta aquel momento, ya que en ocasiones, le suponía un gran esfuerzo.

Fue entonces cuando la pobre muchacha le pidió que le enviase por lo menos un punto, para que ella supiese que no se había muerto. Pablo comprendió entonces su preocupación. Ella solo quería cuidarle.

Una de las veces que se vieron en Madrid el joven le había comentado que, debido al tratamiento, no podía darle mucho el sol. Y allí se plantó ella, con un paraguas familiar y una sombrilla de playa, dispuesta a dar su paseo. Pablo, al verla venir, se quedó perplejo.

—Mejor que sobre a que falte —se excusó Prado.

El joven se encogió de hombros y sonrió. La verdad era que tenía razón.

En otra ocasión, en Salamanca, la pareja acudió de la mano a la capilla de la Adoración Perpetua. Prado, por supuesto, se había hecho test de antígenos para covid antes de viajar, porque vivía con miedo de pegarle aunque fuera un resfriado a Pablo. Sabía que tenía los pulmones comprometidos.

A Pablo le gustaba acudir a rezar a primera hora de la noche, y Prado accedió, siempre y cuando se abrigara bien. Era un 2x1, una especie de novia-abuela.

Iban hablando de cómo actuar ante una persona necesitada. La muchacha, como voluntaria de Cáritas, defendía que había que derivarlos a la organización para poder ayudarlos bien, pero nunca darles dinero. En la entrada de la capilla encontraron, instalando un colchón improvisado, a un hombre de mediana edad.

Pablo comenzó a hablar con él y este les contó un poco su vida. La verdad es que su situación era dramática. Prado se alejó un instante para sonarse la nariz sin contagiar al joven y, cuando se giró, el chico ya estaba sacándose cosas de los bolsillos.

"Mira que le dije que no le diera dinero", pensó, como novia. Pero fue su faceta de abuela la que tomó el control cuando contempló, horrorizada, cómo se metía lo que llevaba en los bolsillos de la sudadera y le entregaba el abrigo a aquel hombre.

Prado lo quería matar. Hacía frío, había humedad y ella solo podía pensar en que lo que para cualquiera podía ser un constipado, para él podía convertirse en una neumonía. El mendigo se puso a llorar.

—¿Qué te van a decir tus padres? —le preguntó ella cuando salieron de la capilla.

—Igual no se dan cuenta —respondió él.

Spoiler: sí se dieron cuenta, volvió a casa empapado a las ocho de la mañana. Cuando sus padres le echaron la bronca por no llevarse un abrigo, se encogió de hombros y se fue a su habitación.

Nuestro protagonista entabló amistad con este hombre, quien le preguntaba por su chica. Y Prado... bueno, acabó por perdonarle. Vio cómo aquel hombre abrazaba a Pablo, que al final le dio dinero. Pero sobre todo vio su cara. El joven estaba feliz de haber podido ayudar a alguien. Lo que su rostro reflejaba era contagioso. No sería la última vez que los más cercanos podrían ver aquel extraño brillo en sus ojos. Con el tiempo, el mendigo le confesaría muy emocionado a una de sus hermanas que el conocer a Pablo le había salvado la vida, ya que tenía una fuerte tentación de suicidarse porque la vida no tenía sentido y el joven le ayudó. Le llevaba comida siempre que podía y hablaban mucho.

Pero no creas que todo era de color de rosas. Pablo aún debía prepararse para enfrentarse a una prueba más.

Esa quimio fue especialmente dura. Los efectos secundarios eran muy limitantes y durante la semana buena Pablo apenas podía salir de casa. En algún momento de cada uno de los ciclos tuvo que pasar por urgencias.

Como el tratamiento empezó a mediados de mayo, la mayor parte coincidió con el verano. El joven solo podía pensar en todo a lo que tenía que renunciar de nuevo. Esto hizo que se rebotase un poco con Dios, pues no había cosa que más molestase a nuestro protagonista que perderse un planazo.

Así fue como dejó de rezar. Como ves, ninguno estamos libres de cometer la estupidez de soltar las armas cuando más las necesitamos. Pablo comenzó a atravesar una etapa de desierto espiritual. Cuando se esforzaba por hacer oración, no sentía nada, dejó de oír a Dios. Se acabaron las mariposas en el estómago.

A todo esto se le unió lo que en su familia dieron por llamar "el drama de las pastillas". En esta ocasión, el tratamiento consistía en quimioterapia vía oral complementada con quimioterapia endovenosa, ambas de administración diaria. Así descubrieron que Pablo era incapaz de tragarse las cápsulas.

En honor a la verdad, eran bastante grandes. A pesar de que el joven hacía sus mejores esfuerzos, el espectáculo era lamentable. Si alguna vez has tenido que medicar a tu mascota, te podrás hacer una idea aproximada de la situación.

Tras varios minutos de arcadas nuestro protagonista conseguía ingerir la quimio. Pero ingerir no significa retener. Ante el peligro de dañar el tubo digestivo y de perder gran parte de la dosis, su madre decidió hablar con la farmacia del hospital. Estos tuvieron a bien dividir el medicamento en varias capsulitas pequeñas.

Por hacértelo corto, funcionó. Más o menos. Lo suficiente.

Otra novedad fue que, durante este tratamiento, Prado le pidió a Pablo poder acompañarle en alguno de los ciclos de quimio. Este se negó con rotundidad. Por un lado, siempre los había pasado solo. Por otro, no quería que ella le viese en ese estado.

Tras mucho discutir el joven accedió. Pero había un problema. Se suponía que en la sala donde se administraba la quimio no se admitían acompañantes. Ni siquiera su madre había podido entrar nunca. Sin embargo, a Prado se lo permitieron y no una, sino varias veces.

Seguramente sería providencia divina. Eso y que no hay nada que les guste más a las enfermeras que las historias de amor hospitalarias.

Así pues, la joven viajaba en autobús desde Talavera a Madrid y llegaba al hospital a las ocho de la mañana. Acompañaba a Pablo durante el tratamiento y volvía a casa justo a tiempo para acudir a las clases que tenía por la tarde.

Durante ese ciclo, nuestro protagonista se sintió realmente un estúpido al descubrir lo que se había estado perdiendo. Comprobó que compartida, la carga era menor. También que la joven estaba a su lado porque le quería, independientemente de su estado.

Las semanas fueron pasando, sin prisa pero sin pausa. Por fin, acabó la quimio y comenzó la radio. Pablo se encontraba mucho mejor y volvió de nuevo a buscar a Dios.

Pudo comprobar en carne propia las palabras de san Pablo: "hago el mal que no quiero", y que el pecado no es ninguna broma. Tiene las patas muy largas y, en ocasiones, son difíciles de cortar.

Así es como Dios nos hace entender que el Cielo no se conquista, no te lo ganas. El Cielo se recibe.

Durante este tiempo, acudió a una convivencia de paso con su comunidad y pudo reconciliarse con el Camino Neocatecumenal. Pudo perdonar y pedir perdón por todos los juicios y heridas que tenía. Viéndolos en perspectiva comprendió que muchos de ellos no eran más que un intento del enemigo de alejarlo de su Creador.

El grupo de adolescentes que se quejaba continuamente de tener que ir a la iglesia se había convertido en una comunidad de jóvenes mucho más maduros. Buscaban juntos a Dios, podían apoyarse los unos en los otros y podía verse como poco a poco se daba el amor entre ellos.

Pero Dios tenía otros planes para su vida e hizo lo que más le gusta hacer. Cuando parecía que, por fin, las cosas comenzaban a asentarse, sucedió algo que lo cambió todo.

Una nueva vida. Un nuevo comienzo. Una quinta oportunidad. Eso era lo que Pablo tenía ante sí cuando cruzó el umbral de la puerta del hospital y puso un pie en el exterior. Después de seis meses de tratamiento, abandonaba ese lugar por el momento y lo hacía convencido de que todo iría bien.

Por aquel entonces, el joven estaba agradecido por su vida. Le encantaba su novia y, cuando pensaba en el futuro, solo podía imaginar su boda, los hijos y lo que sea que venga después.

Supongo que debido a esto, Prado y él decidieron acudir a una charla de discernimiento enfocada al matrimonio. Nuestro protagonista iba contentísimo y Dios todavía se debe de estar riendo. Allí sentado junto a su amada, entre decenas de parejas más, un pensamiento le taladró la cabeza: "Lo tuyo no es ser padre de familia, sino consagrado".

Pablo pensó que esta idea, que no dejaba de acosarle, no era más que un pensamiento intrusivo y que ya se le pasaría. Lo cierto es que la dichosa frase no le dejaba en paz y, si era sincero consigo mismo, le producía una emoción intensa. Tanta que no le dejaba dormir si le asaltaba por la noche. Se imaginaba a sí mismo con el hábito y no podía evitar sonreír.

Tras algunos días decidió hablarlo con su director espiritual, quien le dio algunas pautas: no precipitarse, tomarse muy en serio la oración en este tiempo y buscar a alguien de su edad que tuviese la misma inquietud y con quien pudiera hablar eran las principales.

Así que Pablo comenzó a rezar más. Decidió acudir a misa a diario, comenzó a rezar los laudes, el rosario y, en definitiva, todo lo que podía. Además de sentir que la oración le ayudaba en su vida, cada vez tenía más claro que la idea de su llamada venía de Dios y no de una ventolera que le había dado a él.

Durante estos ratos de intimidad con el Señor, comenzó a abrir lecturas al azar y todas las citas, aunque distintas, contenían el mismo mensaje: no temas, yo estoy contigo.

Un día, rezando el oficio de lecturas, Pablo encontró una que le gustó y le dijo a Dios: "Sí, muy bonito, pero eso se lo dices a todos. Yo quiero que me lo digas solo a mí".

Estarás pensando dos cosas. La primera es que sí, lo de no tentarás al Señor, este joven se lo saltó un poco a la torera.

La segunda es si Dios aceptó el reto. Pues bien, poco después, haciendo adoración en la capilla del Santísimo con los carmelitas, uno de los frailes abrió la Biblia al azar y leyó la lectura, su lectura. Dice así:

"Dice el Dios que te creó, Jacob, el que te formó, Israel: no temas, porque yo te he redimido, te he llamado por tu nombre, tú eres mío. [...] No temas, porque yo estoy contigo"

Is 43, 1ss

Tras la proclamación de la lectura, entró un chico de su edad en la capilla. Se trataba del joven con el que debía hablar, pues se encontraba en el mismo camino de discernimiento vocacional que él. Para colmo, la oración siguió con un canto cuyo estribillo repetía "solo a ti pertenezco". Podemos decir que sí, le quedó claro.

Así que ya sabes, si retas a Dios corres el riesgo de que te responda: "Sujétame el cubata".

Solo quedaba un pequeño detalle. Tenía que hablar con Prado.

NO ERES TÚ, ES DIOS

Lejos de Talavera y Madrid, en el interior de las murallas de la ciudad de Salamanca, la pareja de jóvenes estaba sentada, como tantas otras, contemplando el atardecer sobre el río Tormes.

Aquel lugar es conocido por los salmantinos como "Huerto de Calixto y Melibea", y por el resto del mundo por ser el principal escenario de la tragicomedia de Fernando de Rojas que se popularizó con el nombre de *La Celestina*.

Si conoces la obra comprenderás que es un enclave perfecto para hablar sobre los temas del amor. Si no te suena, alguien debería pegarle un tirón de orejas a tu profesor de Literatura. Pero vamos, lo que tienes que saber es que en esta histórica ciudad si te gusta una chica te la llevas al huerto (de Calixto y Melibea) y allí le pides salir.

La intención de Pablo aquel día era más bien la contraria, pero ya vas conociendo a este joven. Le gustaba improvisar.

La pareja atravesaba un tiempo en el que la relación se había enfriado. Ya no se decían "te quiero" ni hablaban del futuro, aunque continuaban rezando juntos y cuidando el uno del otro. Desde aquella charla sobre el matrimonio el Señor les había inspirado a ambos preguntarse si debían o no seguir juntos, pero a cada uno por su lado, como hizo con María y José tras la anunciación.

Tras este periodo de discernimiento, Pablo tenía clarísima su llamada a la vida consagrada. Prado había estado dándole vueltas a las dudas que surgían en su corazón y también lo veía claro: debían seguir juntos.

En un momento en el que la conversación sobre el tiempo no daba para más, ambos dijeron al unísono: "Tenemos que hablar".

Nuestro protagonista vio el cielo abierto. Había estado rezando mucho por aquel momento. Seguía queriendo con toda su alma a aquella muchacha que tenía el corazón de oro. Así que le cedió la palabra, esperando que le dijese que quería ser monja y tenían que cortar. Asunto resuelto.

Tras escuchar el relato de la joven la verdad es que se le cayó el alma a los pies. Reunió el valor suficiente para romperle el corazón a su chica y, tras una pequeña oración, le contó la verdad.

—No me parece honesto seguir saliendo contigo mientras siento una llamada tan fuerte —concluyó.

—Entonces, ¿qué? —respondió ella con los ojos llenos de lágrimas. —¿Me estás dejando? ¿Necesitas un tiempo para pensar o...?

—No, no. Se acabó —le cortó, con serenidad.

Prado no se lo podía creer. Siempre le había dicho a Dios que el hombre de su vida debía tener al menos unos cuantos puntos de su lista de requisitos y Pablo los tenía todos. No entendía cómo el Señor podía estar haciéndole eso. Había encontrado una aguja en un pajar, al chico de sus sueños, uno entre un millón y Dios mismo se lo quitaba.

Sin embargo, ninguna de estas palabras salió de su boca.

—A Dios es al único al que no se le puede decir que no —contestó en su lugar.

Mientras la muchacha se deshacía en lágrimas a Pablo no se le ocurrió otra cosa que añadir:

—Bueno, pues te lo has tomado mejor de lo que pensaba —Ella le lanzó una mirada asesina. Lo quería matar por ese comentario hasta que se explicó. —He rezado mucho por este momento.

Es probable que fueran esas oraciones las que hiciesen que la joven no se rebelase contra Dios. Las que consiguieran que, para Prado, fuese más importante no interponerse en el camino de aquel chico que había encontrado un amor más grande.

En ese momento, la muchacha sintió que el Señor le pedía lo mismo que a la Virgen María, guardar todo aquello en su corazón. ¿Cuál habría sido la reacción de la Madre si Dios le hubiese pedido lo que más amaba? De pronto lo vio claro. A ella se encomendó.

VIDA MONÁSTICA

Sentado en un modesto taburete de madera, nuestro protagonista se impregnaba de la majestuosidad de la naturaleza que podía contemplar desde su ventana. Atisbaba el exterior desde el pequeño oratorio de la cabaña en la que los monjes le habían acogido para hacer su experiencia.

El monasterio de la Asunción de Nuestra Señora está situado en el grandioso y salvaje entorno de las montañas de Saint Laurent du Pont, al sur de Francia. Se trata de un lugar particularmente solitario, rodeado de grandes bosques de coníferas. Allí, en este cofre de vegetación, rocas y alguna que otra cabra, Pablo pudo degustar por primera vez las mieles de su vocación.

El silencio y la áspera belleza del sitio le recordaban al joven el grito de fe del corazón de san Bruno: "¿Hay otro bien fuera de Dios?"

Nuestro protagonista había acudido allí buscando a su Amado en la oración. El miedo que tenía a la soledad y al silencio se desvaneció. Es más, se convirtió en una experiencia que Pablo jamás pensó que podría vivir.

El silencio ya no estaba vacío, la soledad de su cabaña estaba habitada por una presencia continua de Dios que lo llenaba todo. Se sentía acompañado por Alguien más grande que él. Tanto que, más que notarlo a su lado, sentía que se encontraba rodeado por este Ser de amor que lo abrazaba. Entonces Pablo comprendió que podía llegar a ser plenamente feliz.

El tiempo de la experiencia terminó y el joven tuvo que volver a España. A pesar de encontrarse en un tiempo de franca mejoría en el que llevaba una vida prácticamente normal, sus citas hospitalarias le requerían. Nada más llegar, escribió al prior del monasterio solicitando comenzar un camino de discernimiento. Su petición era entrar en la "Escuela de vida", nombre que en la Orden de los Hermanos de Bethleem se le da al postulantado.

Pasaron los días, luego las semanas y la respuesta no llegaba. Nuestro protagonista comenzaba a impacientarse. Necesitaba una respuesta. Finalmente, casi dos meses después, obtuvo la contestación.

Tras rezarlo mucho, la comunidad de monjes había decidido no admitir su petición. Creían que el delicado estado de salud de Pablo no era compatible con su estilo de vida. Para serte sincero, creo que tenían razón. Estos hombres y mujeres de Dios duermen poco, ayunan mucho, trabajan duro y pasan bastante frío. Una cosa es que estés enamorado del Padre y otra muy distinta que precipites tu partida hacia las moradas eternas.

Preciso y minucioso, así es el plan de Dios para cada uno de nosotros. Pablo se tomó así la noticia. Si ese no era su camino, ya se encargaría su Señor de indicarle de qué modo quería que realizara su entrega. Él solo debía hacer dos cosas: perseverar en la oración y permanecer abierto a su Voluntad.

PRESENTIMIENTO

Una soleada tarde de marzo, un joven y un monje trapense hablaban sentados en un banco del parque de los Jesuitas de Salamanca.

Pablo le contaba a su amigo, obligado a vivir fuera de la clausura que amaba para cuidar de sus familiares enfermos, la experiencia que había tenido en Francia. Sabía que él, como religioso que había vivido alejado del mundanal ruido muchos años de su vida, podría comprenderlo bien.

Le habló también del fuerte impulso que había sentido a la evangelización de los jóvenes. La verdad es que en aquel momento nuestro protagonista no sabía muy bien qué hacer.

Por un lado, sentía una fuerte llamada a consagrarse a Dios y vivir unido íntimamente a él para siempre. Por aquel entonces aún no sabía que su relación con los hermanos de Bethleem tenía los días contados. Por otro lado, experimentaba la necesidad de llevar a otros jóvenes a Cristo.

Nuestro protagonista creía que para llevar a cabo cualquiera de las dos cosas la enfermedad se estaba interponiendo en su camino. Le dijo entonces a su amigo que tenía el presentimiento de que Dios le iba a curar.

Durante unos minutos ninguno de los dos hombres dijo nada. Para Pablo se trataba de un silencio expectante, para el monje, preocupante. Estaba buscando las palabras adecuadas.

—Oremos para que el Señor se manifieste en tu vida e ilumine estas corazonadas.

Y lo hizo. Vaya si lo hizo. Dios no pone en el corazón del hombre deseos irrealizables.

Porque el joven no estaba equivocado en el qué sino en el cómo. Tenía muy claro lo que Dios le estaba pidiendo, pero la manera en que lo llevaría a cabo superaba todo pensamiento que nuestro protagonista pudiese albergar en aquel momento.

Los caminos del Señor son inescrutables, que en castellano moderno quiere decir que hace lo que le da la gana y como le da la gana. Nosotros solo podemos contemplar maravillados el resultado.

MANOS A LA OBRA

Con el corazón y el oído abiertos y muy claras sus prioridades, Pablo comenzó una aventura fantástica. Pero, como antes de emprender un largo camino hacia lo desconocido, debía prepararse bien. Su primera decisión fue la de acudir a diario a la eucaristía. No podía sospechar que, precisamente de ahí, surgiría su primera misión.

A la salida de misa, un día cualquiera entre semana, se encontró de camino a casa con una buena amiga en Cristo. Los dos compartían un amor profundo por la eucaristía y la inquietud de la búsqueda vocacional. Hablando se dieron cuenta de que ambos acababan de salir de misa. Habían ido los dos a la misma hora, pero a iglesias distintas.

—¡Qué pena! —dijo ella. —Podríamos haber ido juntos.

Esta frase tan sencilla no pasó desapercibida para el joven. Tenía las antenas puestas para captar cualquier cosa que Dios pudiese pedirle. Se quedó dándole vueltas y pensó que algo tan simple como acudir con otros jóvenes como él a misa podía ser de gran ayuda. Para Pablo, la eucaristía era la piedra angular de su fe, donde podía encontrarse con Jesús y entablar una relación con Él.

Así pues, esa misma noche creó un grupo de *Whatsapp* y metió a todo aquel joven que viviese en Salamanca y compartiese su fe, independientemente del movimiento en el que lo hiciera o si iba por libre. Lo llamó *Missing*.

Sí, yo también lo creo, Pablo tenía mucho amor pero pocos conocimientos de *marketing*. Él había intentado que sonase moderno al mezclar el nombre con el inglés, pero le hicieron notar que significaba "desaparecidos" y esa no era la idea. Alguien propuso entonces volver al castellano de toda la vida y así surgió "Miseando".

El objetivo era muy sencillo. Cualquiera de ellos decía la hora a la que pensaba acudir a misa ese día y el resto, en la medida de sus posibilidades, lo acompañaba. Acudían de forma más o menos regular unos doce o quince jóvenes y pronto descubrieron que aquel pequeño grupo suponía una gran ayuda.

Primero, porque se volvían más constantes. Ya no solo tenían el buen propósito de acudir a la eucaristía, ahora habían quedado. Y segundo y quizá más importante para Pablo, comprobaron que ver dos o tres bancos llenos de jóvenes en primera fila un día cualquiera era un testimonio para mucha gente.

Mientras escribo estas páginas, Miseando cuenta con la participación de casi 50 jóvenes en Salamanca y se ha extendido a muchas otras provincias como Valladolid, donde mueve a más de 140 personas, Madrid, Cuenca, Albacete o Zamora.

Estés donde estés, te invito a buscar esta iniciativa en tu ciudad. Si no existe aún, puedes iniciarla tú. ¿Por qué no?

Puede ayudar a muchas almas a encontrarse con Cristo, pero sobre todo te ayudará a ti. Acercarse a Dios siempre, siempre, te traerá cosas buenas.

No puedo prometer que será fácil, pero sí que merecerá la pena. Al final de su vida, fray Pablo ofrecía su sufrimiento por tres intenciones. Una de ellas se forjó aquí. Se trata de la unidad de la Iglesia.

Miseando agrupa a gente que vive la fe en diferentes grupos. En muchas ocasiones, demasiadas, los cristianos nos cerramos en nuestra pequeña zona de confort y nos perdemos los dones que pueden ofrecernos los distintos carismas que suscita, no lo olvidemos, el Espíritu Santo. Si un grupo o movimiento te genera dudas, Jesús mismo te da la clave para discernir en el Evangelio: "Por sus frutos los conoceréis".

Como decía Pablo, "si todos tenemos la misma Madre, ¿por qué no podemos querernos como hermanos?".

Los interminables días encerrado entre las cuatro paredes de una habitación de hospital comenzaban a no ser más que un recuerdo. Sus cicatrices eran para él marcas del amor de Dios en su vida y a través de ellas lo quería con locura.

Pero ahora que se encontraba bien, el cuerpo volvía a pedirle sol, naturaleza y aire libre. Y todo esto quería compartirlo con sus hermanos de fe. Decía que el Señor le estaba suscitando algo nuevo, así que volvió a ponerse manos a la obra y creó otra iniciativa: Jóvenes Montañeros Católicos, o JMC.

Volvió a crear otro grupo de *Whatsapp* en el que, acompañado de un logo muy cutre que luego, gracias a Dios, evolucionó, expuso su inquietud en una sola línea:

"Excursiones y eucaristía en la naturaleza. ¿Quién se apunta?"

Como ves, nuestro protagonista no necesitaba pensarse mucho las cosas, ni grandes presupuestos. Sentía algo del Señor y lo hacía. Si no salía adelante es que no era de Dios. Fácil, sencillo y para toda la familia.

La premisa era sencilla: Dios en la naturaleza.

Acompañados por un sacerdote, elegían una ruta de montaña asequible para todos y se encomendaban a la Virgen antes de empezar (no sé si por amor o por si acaso). Subían hasta algún claro y allí preparaban un altar lo más digno posible con los enseres que habían llevado.

En el primero de estos encuentros, Pablo unió un par de palos con una cuerda. Puedes ver el resultado en la portada de este libro. Esta cruz improvisada los acompañó a lo largo de todo el día.

Una vez que estaba todo preparado, celebraban una eucaristía y hacían un rato de adoración en mitad de la naturaleza. Después, compartían una buena comida a base de bocadillos y *tuppers*. Finalmente, antes de que el día comenzase a declinar, deshacían su camino rezando el rosario juntos.

Entre el primer y el segundo encuentro, Pablo descubrió el significado de la cruz florecida. No es otro que el del fruto que da ofrecer el sufrimiento. Desde entonces, además de preparar el altar, decoraban una cruz hecha con palos y la llenaban de flores silvestres. La cara del joven brillaba con esa luz especial que te he mencionado ya antes.

El recorrido de esta iniciativa tan bonita, por desgracia, fue bastante corto. Solo pudieron hacer tres encuentros antes de que su fundador falleciese, apenas cinco meses después.

¿Cómo se le ocurrían estas cosas a nuestro protagonista? Muy sencillo, procuraba estar en contacto con Dios tanto como le era posible. No fueron muchas noches, pero sí varias, las que pasó en la capilla de la Adoración Perpetua. Contestando algún mensaje a primerísima hora de la mañana, sus amigos le decían: "¡Cómo madrugas!" La realidad es que estaba volviendo a casa.

¿Por qué lo hacía? En una ocasión acudió al Santísimo porque tenía una inquietud en su corazón y quería respuestas. Iba intranquilo y preocupado. Al volver a casa, su hermano lo encontró totalmente cambiado y le preguntó:

—Bueno, ¿qué te ha respondido Dios?

—¿A qué? —contestó Pablo.

Solo con estar en presencia del Señor las dudas de su corazón se habían disuelto hasta el punto de que ya no se acordaba de aquello que tanto le preocupaba. Volvía con mucha paz, a pesar de aburrirse a veces como una ostra.

Su familia pronto dejó de presionarle para que no hiciera estas cosas. Su recelo era legítimo, el joven no dejaba de estar enfermo y necesitaba reposo. Dormía en ocasiones hasta doce horas al día. Sin embargo, al verle volver en aquel estado, no había reproche posible.

ESCUADRÓN DE LIMPIEZA

Tengo que confesarte una cosa. Este capítulo ha estado a punto de titularse "Emosido engañado", que es lo que escribió Pablo cuando le preguntaron qué tal había ido el encuentro de JRC en Fátima.

El joven se encontraba realmente cansado en aquel momento. Esto no solía constituir un obstáculo para que se apuntase a un bombardeo, pero en esta ocasión debía de encontrarse realmente débil, pues estaba dudando seriamente si apuntarse o no.

El caso es que entre unos y otros le convencieron y allí se plantó, pero el escenario que encontró distaba mucho del que le habían pintado. Para empezar, alguien le había dicho que aquel año el escuadrón de limpieza no dormiría en barracones, sino que le habían encontrado un hueco en el Hotel Serra D'Aire, uno de los mejores de Fátima.

Cuando nuestro protagonista entró en el lugar en el que dormiría los siguientes cinco días se le cayó el alma a los pies. Se encontraban en el famoso hotel, sí, pero en la zona que en algún momento del pasado ocupó el personal de servicio. Nada de habitaciones lujosas. Ni de habitaciones, de hecho.

Dormirían los chicos juntos por un lado, y las chicas por otro, sobre colchones tirados en el suelo. A esto se sumó que los compañeros de Pablo eran bastante irrespetuosos, como solo unos adolescentes con una libertad recién adquirida podían serlo. Le pisaban al entrar y salir en medio de la noche, encendían las luces y, por algún motivo, alguien había instaurado la ley del pedo libre.

Ya tras la primera noche amaneció nuestro protagonista hecho un guiñapo, pero con optimismo. Aún le quedaba la otra razón por la que le habían convencido para ir.

Otro alguien, cuya identidad también preservaremos, le informó de que en limpieza iba a tener mucho tiempo libre para rezar, incluso podría ir a visitar a la Virgen mientras los demás grupos estaban ocupados. A Pablo aquello le sonaba a música celestial, pues si había aceptado acudir a aquel encuentro, era porque quería tener más intimidad con la Madre.

Sin embargo, el trabajo del escuadrón de limpieza era físicamente muy duro. Por ponerte un ejemplo, debido a un error de diseño pasaban dos horas todas las mañanas achicando agua de los baños de los albergues para que pudiesen utilizarse al día siguiente y el joven acababa la jornada como si acabase de correr una maratón.

Empezaban temprano y terminaban tarde, y a esas horas a nuestro protagonista solo le daba la vida para arrastrarse hasta su zulo y dejarse caer en su colchón. A esto se sumaba que sus compañeros eran en su mayoría adolescentes y el joven no era capaz de mantener una conversación profunda con ellos.

Para colmo de males, Prado, que también se encontraba allí en el mismo grupo, dio positivo en covid. Se pasó el encuentro con mascarilla, manteniendo una distancia prudencial con nuestro protagonista y, probablemente, diciéndole que se abrigase.

Solo una cosa buena tuvo este viaje, pero fue tan buena que creo que a Pablo le mereció la pena. ¿Quieres saber qué es? Pues te la cuento en el siguiente capítulo, que aquí ya no me cabe.

SAN JOSÉ

El último día de la treintena de preparación para consagrarse a san José Pablo estaba exactamente donde debía estar: imbuido en el silencio del monasterio francés. Tras conseguir que nuestro protagonista se consagrase a la Virgen, Prado le había vuelto a liar.

La joven tenía una gran devoción por este santo y había oído que existía una treintena para rezarle y pedirle que se encargara de una misión imposible. Aunque ya no estaban juntos, ella rezó alguna por la curación de Pablo y comenzó a darle la brasa al joven con que se tenía que consagrar a él.

Como quien la sigue la consigue, el 1 de enero de 2023 los dos jóvenes comenzaron la treintena. Al principio a nuestro protagonista le daba mucha pereza volver a meterse en estos compromisos, pero luego le agradeció a su amiga que hubiese insistido. En la intimidad de su celda, el 31 de enero Pablo tuvo un sueño que definiría para siempre su vocación a la evangelización de los jóvenes.

¿Y esto qué tiene que ver con el escuadrón de limpieza? Bueno, la verdad es que nada. Pero sí está relacionado con un regalo que san José le hizo estando en Fátima. Deja que te lo cuente, porque si pensabas que la historia de amor de Pablo y Prado era bonita con esta vas a flipar.

San José es un hombre. Hasta ahí todo bien. Pero no es solo eso, es un hombre enamorado y, como de lo que rebosa el corazón habla la boca, nuestro protagonista se había encontrado durante la treintena con un problemilla. Cada vez que intentaba hablar con san José, este le hablaba de María. Más de dos mil años casado y solo tiene ojos para ella. Si esto no es amor que baje Dios y lo vea.

Fruto de esta insistencia del santo, Pablo había acudido a Fátima con la intención de conseguir una mayor intimidad con la Virgen. A pesar de estar consagrado a ella, en cuanto a sensibilidad humana no conseguía sentirla como Madre y esto le costaba.

Uno de los últimos días del encuentro, el joven acudió a la zona de tiendas con el objetivo de encontrar una medalla de san José, para tenerlo presente. A nuestro protagonista le gustaba este santo por su humildad, por su sencillez, porque siempre permanecía en lo escondido, porque para él era un modelo de hombre y, más adelante, porque es el patrón de la buena muerte.

No encontró ninguna de su agrado. En algunas aparecía demasiado viejo, en otras como un adefesio y en otras estaba bizco. Mientras revisaba los colgantes, nuestro protagonista entabló conversación con un sacerdote y, tras unos minutos de charla, el presbítero decidió regalarle una medalla escapulario de la Virgen del Carmen sin venir a cuento.

Si conoces la historia de Pablo, ya habrás descubierto el guiño que el matrimonio por excelencia le hizo al joven. Si no, te contaré que precisamente con ella, con la Virgen del Carmen, nuestro protagonista entablaría una relación muy íntima y especial. Solo por este regalo mereció la pena toda la penitencia de aquellos días.

Os diré, además, que se fue sin el recuerdo de san José, pero no estuvo sin él durante mucho tiempo. Prado no iba a permitirlo. Al enterarse de que nuestro protagonista se había quedado sin medalla, le propuso enviarle una por correo.

—Vale, pero pequeñita —accedió Pablo. —Como me sigas regalando medallas voy a tener que empezar a colgarlas del cinturón o no podré levantar la cabeza.

EFFETÁ SALAMANCA

El sol comenzaba a brillar sobre los tejados y varios jóvenes ultimaban los preparativos del que sería el primer retiro de Effetá en Salamanca. Estaban nerviosos y cansados, pero convencidos de que Dios se encargaría de todo si ellos le dejaban hacer.

La familia de una de las jóvenes de "Matata" conocía a los sacerdotes que llevaban Effetá Talavera y querían traerlo a Salamanca. Les dijeron que, para poder hacerlo, un grupo de 5 ó 6 jóvenes debía participar primero en un retiro como caminantes. Así fue como invitaron a Pablo y a los demás salmantinos que caminaron en Effetá Talavera.

Estos jóvenes trabajaron mucho para traer Effetá a Salamanca. No sabían dónde se metían, pero estoy segura de que si les preguntas lo volverían a hacer.

Mientras estaba inmerso en la preparación del retiro, Pablo seguía muy atento a lo que el Espíritu Santo le suscitaba. Por aquellos días, su comunidad neocatecumenal comenzó a preparar la Vigilia de Pascua que tendría lugar unas semanas después. Pidió hacer la monición que ambienta toda aquella Noche Santa. Como todas y cada una de las que vivió en este mundo, lo haría con su comunidad, unida al resto de la parroquia.

Al joven le encantaba la vigilia de Pascua del Camino, siempre decía que era el plato fuerte de este carisma.

Quiso hacer esa monición porque sintió que tenía que compartir este mensaje de Vida con todos los hermanos con los que había vivido la fe.

Durante la preparación del retiro, el joven había estado muy implicado desde el principio, poniendo su tiempo y sus fuerzas al servicio de su Amado. Por eso, sus compañeros no sabían cómo decirle que les habían recomendado retirarle del equipo de coordinación.

Desde el punto de vista logístico era lo más prudente. Podía tener una recaída en cualquier momento y muchas cosas dependían de él. Sin embargo, el corazón se les encogía al pensar que nuestro protagonista pudiese sentirse herido, pues nadie podría hacerlo mejor que él.

Cuando reunieron el valor para sentarse a hablar con el joven, descubrieron que en aquel momento Pablo tenía el foco puesto en lo verdaderamente importante. No se trataba de él, se trataba de llevar a otros jóvenes a Dios. Si creían que podía servir mejor de otra manera, seguro que sería para bien.

Aprovecho aquí para contarte que otra de las intenciones por la que nuestro protagonista, ya en la fase final de su vida, ofreció sus dolores, sufrimientos y renuncias fue precisamente esta: la de llevar a los jóvenes a Cristo.

Él decía que cuando en el corazón de un joven prende el amor divino, nada puede pararle. Este fuego crece, alimentado por la radicalidad y el empuje que solo se tiene a esta edad. Lo que Dios puede hacer con estas almas es hermoso.

Así transcurrió este retiro, que dio sus frutos gracias a la renuncia de muchos, porque te contaré un secreto: para que alguien tenga vida, es preciso que otro entregue la suya. No me resisto a poner aquí el estribillo del himno de Effetá. Creo que no puede ser más certero:

"No tengo miedo de la libertad.

No tengo miedo, Señor, de la vida.

Me quiero entregar.

Toma mis manos, mi voz y mi andar.

Y yo alzaré alto la Cruz derramada de amor

para que sea bandera de la juventud.

Tu triunfo santo, que junto a mi canto,

se hará fuerte luz.

Para que vean tu rostro, Jesús,

hombres con sed

hombres valientes que quieran seguir tu caminar".

PASCUA DE RESURRECCIÓN

"Para mí, la verdad, es un honor poder abrirla [la Pascua]. Es la noche más importante para el cristianismo en la que conmemoramos que la muerte ha sido vencida, y que ha venido nuestra salvación en el acto de amor más grande e importante que ha habido en toda la historia de la humanidad, en todo el mundo. Es lo que venimos a celebrar en esta noche.

También quería invitaros a que tuvieseis el oído abierto, para descubrir una cosa que me ha parecido muy importante: que todas las lecturas que se van a proclamar tienen una base común.

Todas hablan de las diferentes formas que tiene Dios para amarnos a nosotros. Diferentes formas en las que podemos sentirnos amados por Él. Desde un amor en donación, al darnos una dignidad. Un amor en la confianza, donde prima también el temor de Dios. Un amor de Padre, un amor de maestro. Un amor de esposo, también. Y todas ellas son un amor desbordante.

Este tiempo que nos ha regalado la Iglesia, precioso, es una preparación específicamente para este momento justo. En esta última semana, sobre todo, hemos podido acompañar de una manera muy íntima la pasión de Jesús, que ha muerto por nosotros. Él nos hace partícipes, si nosotros queremos, porque Dios nunca se va a interponer en nuestra libertad, de esta resurrección gloriosa que es tan real esta noche.

Ahora es el momento y somos partícipes si realmente queremos.

En todo lo pequeño que es el ser humano, en las limitaciones que tiene, no somos capaces ni siquiera de llegar a imaginar la amplitud del amor de Dios hacia nosotros, que es un amor muy personal y específico. Concretamente para ti. Desde el inicio de los tiempos lleva soñando y pensando en ti. En cuanto le expuso a Jesús la pasión que iba a pasar, toda gota de sangre derramada, toda caída que tuvo, todo sufrimiento por el que pasó, Jesús estuvo pensando que por ti valía la pena. No vamos a poder agradecerle nunca todo el bien que nos ha hecho.

Por eso ahora, mientras el amor duerme, está abriendo las puertas del cielo, porque no nos ha creado para la muerte. Nos ha creado para una vida eterna a su lado, y por eso, en este derramamiento de sangre en el que se ha pactado la Nueva Alianza, en el que Dios hace nuevas todas las cosas, vemos que con Él todo es diferente.

En esta noche de alegría, en la que toda eucaristía es reflejada, vemos que se abren unas puertas del Cielo que nosotros no merecemos. Por eso nosotros en el bautismo, cuando empezamos a ser hijos de Dios, acompañamos a Cristo en esta pasión y vemos que Él nos enseña a abrazar el madero, que la cruz no te aplasta. Ahí es donde reside nuestra libertad.

Entonces, si en el sufrimiento nos encontramos con Cristo, ¿a qué vamos a tenerle miedo? ¿No? ¿A la muerte que en este día ha sido vencida y cambiada en una promesa de vida eterna? ¿Al sufrimiento, donde nos unimos a esta pasión de Cristo?

Si para Dios nosotros valemos la pena, para nosotros [Dios] nos vale la Vida. Así que os invito a escuchar, a estar atentos y a disfrutar.

Voy a repetir esto "Si para Dios nosotros valemos la pena, para nosotros [Dios] nos vale la vida".

Monición ambiental a la Vigilia de Pascua
Fray Pablo María de la Cruz
08/04/2023

MISIÓN RURAL

El padre Sebastián tenía las mismas dificultades que todos los sacerdotes que se ven en la obligación de asistir a varios pueblos. Quizá por eso decidió Pablo acompañarle en los duros trabajos de la evangelización durante cinco días completos.

La verdad es que los dos amigos no perdieron el tiempo. Para empezar, el joven contó su testimonio de fe en varias parroquias. Uno de ellos, grabado de extranjis por una feligresa, no tardó en circular por redes sociales. Nuestro protagonista, con voz grave y cara de enamorado, hablaba con sencillez de cómo su encuentro con Dios lo había cambiado todo.

También acompañó al sacerdote en la visita a los enfermos de la parroquia. Fue en una de ellas cuando el Señor le hizo coincidir con Alonso y su familia.

Alonso es un chico algo más joven que Pablo y que sufrió de niño un síndrome epiléptico relacionado con infección febril. Se trata de una encefalopatía grave que, en su caso y por desgracia, llegó a convertirse en crónica.

Pablo le propuso administrarle la unción de enfermos, pero no llevaban encima lo necesario y, además, la madre no lo veía muy claro. No estaba preparada. No es de extrañar que la mujer estuviera enfadada con Dios. Tener un hijo perfectamente sano y que de la noche a la mañana la situación cambie para siempre es algo a lo que solo Él puede darle un sentido.

Pablo le habló de su experiencia, se comprometió a rezar por Alonso y le dijo que la siguiente vez que se vieran ungirían al enfermo, pues a él mismo este sacramento le había ayudado muchísimo. Cumpliría su promesa hasta el punto de acordarse de él en su lecho de muerte, pero eso te lo contaré más adelante, no me tires de la lengua, impaciente.

Por ahora te diré que no todo fue entrega y trabajo en este viaje, Dios también tenía preparadas un par de caricias para el joven. El fin de semana, mientras su amigo confesaba en un retiro, nuestro protagonista disfrutó del Santísimo expuesto prácticamente para él solo durante horas, en medio de un recogimiento y una belleza exquisitas.

También pudo visitar la tumba del hermano Rafael Arnaiz, en la Trapa. Este santo tenía una especial vinculación con Pablo, pues él también tenía muy clara la llamada que Dios le hacía a consagrarse, pero su escasa salud se interpuso en su camino. Si alguien podía entender esta espinita que el joven aún tenía clavada, era este santo monje trapense. Los dos varones tenían en común, además, la ofrenda del sufrimiento físico y que ambos eran bastante payasos, en el mejor de los sentidos.

Pablo vino muy contento de esta experiencia de misión rural. Y para el padre Sebastián fue un sello que le marcaría para siempre.

ESPINAS, EXCUSAS Y ESPÍRITU SANTO

En el coro de la iglesia del Carmen de Abajo, como en tantos otros, hay una talla antigua de un crucificado que ha terminado por llamarse "El Cristo de la Espina". Un día en el que los carmelitas limpiaban el coro, una espina de la corona reseca del Crucificado cayó por tierra.

En lugar de tirarla, los frailes decidieron dejarla a los pies de la cruz con la intención de volver a pegarla en algún momento. Como del dicho al hecho hay un trecho, la espina quedó allí olvidada a pesar de que los carmelitas rezan allí las completas cada noche.

Pues bien, este Crucificado ha sido el testigo del inmenso amor que Jesús le tenía a Pablo. Un día, estando este de rodillas en oración delante de esta cruz, encontró la espina a los pies de su amado Cristo.

Como estaba rezando solo y el joven era más de pedir perdón que de pedir permiso, la recogió y la guardó como el regalo más grande que le pudieran haber hecho. Sintió que era una invitación del mismo Jesús que le susurraba:

—Entonces, Pablo, ¿me quieres ayudar?

El joven se veía tan limitado e impotente que solo se atrevió a responder:

—Me encantaría, pero mírame. Estoy hecho una piltrafa.

—¡No tengas miedo! —le repitió una vez más el Señor. —Tienes aún mucho que ofrecer. Tú entrégate a Mí, que del resto me encargo Yo.

Como ves, poner excusas no vale para nada con Dios. No le funcionaron a Moisés, no le funcionaron a Isaías y no le funcionaron a Pablo. Es mejor que ni lo intentes y, si lo haces, luego no digas que no te avisé.

Nuestro protagonista se dio cuenta en aquel momento de que su vida sería más fecunda muriendo que recuperando la salud. Jesús le estaba invitando a participar en su pasión, le revelaba el sentido de su entrega y le pedía que descansara en Él.

Sí, su vida sería fecunda.

Allí, a los pies de aquella talla, descubrió también la frase de san Tito Brandsma que le acompañaría el resto de su vida: *La cruz es mi alegría, no mi pena.* Pudo entregarse confiado a Dios con la certeza de que no hace nunca nada en contra de sus hijos.

Así llegó a la vigilia de Pentecostés, exactamente cincuenta días después de la Pascua en la que había hablado a sus hermanos de la Vida Eterna y del amor de Dios con aquella pasión que el texto escrito solo deja traslucir.

En esa noche los católicos celebramos la venida del Espíritu Santo sobre nosotros, la llegada del Paráclito por quien el mismo Jesús nos dijo: "Os conviene que yo me vaya". Este se les apareció a los apóstoles en forma de lenguas de fuego.

En aquel momento, se encontraban a la espera de los resultados de una reevaluación. Seguramente fue este mismo Espíritu quien inspiró a Pablo a dar un eco de la palabra en el que dijo que ya estaba preparado. No tenía miedo a nada. Había recibido tantas gracias de Dios que él solo quería hacer su Voluntad. Si se curaba, genial. Pero si los resultados no eran buenos, solo quería que todo fuera para gloria de Dios y para atraer a muchos jóvenes a Cristo. Era lo único que le importaba.

Quizá estés pensando que nuestro protagonista había perdido el juicio, que estaba loco. Y lo estaba. Loco de amor. Lo cual nos lleva al siguiente capítulo.

LLAMA DE AMOR

Casi al mismo tiempo en el que sucedía todo esto, durante el mes de mayo, a Pablo le llegó una nueva inspiración y se puso manos a la obra. Había decidido no decir "no" a nada que Dios le pidiese y estaba dispuesto a cumplirlo hasta el final.

¿Quieres saber de qué se trataba en esta ocasión?

Nuestro protagonista había coincidido en misa con un grupo de jóvenes y le había llamado la atención la gran escrupulosidad con la que comulgaban, así que se acercó a hablar con ellos.

Estos chicos le contaron, entre muchas otras cosas, que estaban promoviendo el culto a la "Llama de amor del Inmaculado Corazón de María". Si como a Pablo a ti también te suena a chino este nombre, deja que te cuente un poco su historia.

Resulta que, en Hungría, una madre de familia numerosa recibió la encomienda de Jesús y su Madre de proclamar al mundo las gracias de esta "Llama de Amor". Se trata de una gracia extraordinaria de la Virgen para cegar a Satanás, ahora que triunfa en tantas partes.

Consiste en una oración, larguísima según las malas lenguas, que debe ser rezada ante el Santísimo a diario. A través de ella la Virgen liberaría almas del purgatorio, ayudaría a los moribundos y conseguiría la conversión de los pecadores más empedernidos.

La idea era que esta llama de amor permaneciese encendida sobre la tierra de continuo, por lo que debían repartirse las horas. Por eso Pablo acudía cada día a las siete de la mañana a la capilla de la Adoración Perpetua y, junto a estos jóvenes, trataba de hacer todo el bien que podía.

He de decirte que este culto no está reconocido por la Iglesia. Pero bueno, en mi humilde opinión, rezar a la Madre ante Jesús sacramentado no puede hacer mal a nadie, se consigan o no las intenciones prometidas.

Pablo, a pesar de estar enfermo y necesitar descansar, fue fiel a su cita durante mucho tiempo. De hecho, hacía grandes esfuerzos por mantener unos horarios y cumplir con sus compromisos. Su familia le recriminaba en ocasiones que no cuidase su salud. Cuando una de sus hermanas le pillaba entrando en casa mientras ella se levantaba para ir a clase le preguntaba con cierto reproche:

—¿De dónde vienes a estas horas?

El joven se arrancaba con las palmas y, con su sonrisa pilla, le cantaba la canción de Omar Montes:

—"Mira que te dije que, sin avisar, la llama del amor crece y no mengua. Arde que te arde no reniegues que tú sabes que te doy sangre de mis venas tienes, tienes la llave de mi corazón...".

DIOS TODO LO HACE BIEN

Largo tiempo atrás, a la salida de un anuncio de Cuaresma, un hombrecillo sonriente con barba de chivo vestido completamente de negro atravesaba un concurrido pasillo cargado con una biblia y una cruz. Sin poder evitarlo fue abordado por un hombre de mediana edad y un chico con gorra. El personaje con el que querían hablar no era otro que Kiko Argüello, iniciador del Camino Neocatecumenal.

Ricardo le contó brevemente la situación de su hijo y este le dio a besar su cruz y le prometió que rezaría por su curación.

Años después, tras el último anuncio de Adviento al que Pablo acudió, fue Kiko el que se acercó a Pablo y a su padre para interesarse por su estado. Escuchó con atención la situación y le repitió que rezaría por su curación, pero que si no se curaba, Dios le concedería un tiempo de fuerte intimidad con él.

Los médicos habían decidido someter a Pablo a una operación que debía llevarse a cabo tanto en la zona abdominal como torácica, con todo el riesgo y la convalecencia que ello conllevaba. Mucha, muchísima gente estuvo rezando por él a lo largo y ancho del mundo. Finalmente, a la luz de unas pruebas de imagen posteriores, el equipo cambió de opinión y optaron por un tratamiento con radioterapia mucho más conservador.

¿Por qué nos está contando esto ahora? Te preguntarás. Pues porque quiero que caigas en la cuenta de una cosa. Desde las navidades que siguieron a ese encuentro hasta finales del mes de mayo, Pablo estuvo completamente libre de tratamientos y enfermedad.

Es en este breve periodo de cinco meses cuando sucede todo lo que te he contado desde el capítulo "Vida monástica" hasta aquí. Como puedes ver, a Pablo no le gustaba perder el tiempo. En navidades había pedido a sus padres tomarse un año sabático en sus estudios porque sentía que tenía que hacer muchas cosas.

Gracias a Dios, estos lo entendieron. Si no lo hubiesen hecho, miseando, JMC, su aportación en Effetá Salamanca y todos sus frutos nunca hubiesen visto la luz. Cuando más adelante le preguntaron si no habría preferido gastar ese tiempo en otras cosas, respondió con una sonrisa satisfecha que no se arrepentía de nada.

Poco antes de que le realizaran las pruebas que determinarían su futuro, Pablo estuvo con su grupo de JMC y el padre Alfredo en lo que el joven definió como la mejor adoración de su vida.

Con la poca previsión que lo caracterizaba, olvidó mirar el parte meteorológico. Les llovió muchísimo, volvió a empaparse, pero nada de eso importaba. Como un recordatorio de que su Amado no se había olvidado del pacto que había hecho con él, durante la exposición del Santísimo, un arcoíris precioso surcó el cielo.

CONSAGRACIÓN

Tres personas se dirigían con paso lento a la cita que cambiaría sus vidas para siempre. Ricardo, Mª Carmen y Pablo habían viajado a Madrid en tren, pues al padre de familia le habían desaconsejado conducir.

Tras la analítica, la familia había ido a desayunar a un restaurante cercano al hospital. Eran viejos conocidos en aquel establecimiento, ya que sus comidas los habían acompañado durante todos aquellos años. Quizá por eso no tuvieron inconveniente en dejarle al joven un sofá para que descansase un poco hasta la hora de la consulta.

Días antes de que le realizasen las pruebas cuyos resultados recibirían ese día, nuestro protagonista les había confesado a sus padres que si le decían que el cáncer había desaparecido, le darían un disgusto. Él había asumido que su camino pasaba por morir de cáncer, la enfermedad que llevaba acompañándole seis años.

Ya en la consulta, con el jefe del servicio de oncología, las noticias no se hicieron esperar. El cáncer había vuelto. Pablo les pidió a sus padres que le dejasen hablar a solas con el médico y estos salieron de la consulta con el corazón encogido.

El joven prefería poder hablar con libertad con el oncólogo que le había estado llevando todo este tiempo. Hizo todas las preguntas que le surgieron con mucha serenidad. Entre ellas estaban cómo creía que iba a morir y, sobre todo, cuánto tiempo le quedaba. Quería hacer muchas cosas antes de partir.

El oncólogo le habló de una quimioterapia que apellidó como "compasiva", que podría alargarle algo la vida, pero no sabía hasta qué punto lo incapacitarían los síntomas secundarios. En este sentido, cada paciente es un mundo.

Por hacértelo corto, si decidía someterse a este tratamiento, el pronóstico era una esperanza de vida máxima de 18 meses. Sin tratarse, el tiempo se reducía a 8 meses como mucho.

Tras resolver todas sus dudas, el joven se despidió del médico que lo había acompañado durante ese último tiempo y le dio las gracias por todo.

Cuando salió de la consulta nuestro protagonista tenía esa cara de la que ya hemos hablado en otras ocasiones: el rostro iluminado, la sonrisa radiante. Cualquier persona que se encontrase aquel día en la sala de espera habría tenido la certeza de que acababan de darle las mejores noticias posibles. Y lo eran, al menos para él. Estaba preparado.

Tras hablarlo con sus padres, Pablo decidió hacer una videollamada grupal para informar a todos sus hermanos, que seguían en Salamanca, a la vez. Fue directo y conciso, no ocultó nada y les habló a los suyos del amor de Dios.

Las reacciones fueron variadas. Algunos no acababan de asimilar lo que les estaba diciendo, otros lloraban, otros le miraban admirados por su fe. En aquel momento el joven conminó a sus hermanos con una sonrisa: "Somos cristianos ¿o no?" les dijo. "Pues la noticia es que me voy al Cielo".

A pesar de su buen ánimo, físicamente estaba hecho polvo. El viaje de vuelta a casa fue para los tres, padres e hijo, un verdadero suplicio. Para nuestro protagonista por la disnea (dificultad respiratoria) y la tos persistente que comenzaron a darle guerra. Para el matrimonio, por la noticia que iban asimilando poco a poco.

Cuando llegaron a Salamanca, vieron a Pablo tan apurado que llamaron a una hermana de su comunidad para que los acercase en coche a casa. Esta acudió tan rápido como pudo, encantada de poder ayudar. ¡Gracias, Señor, por el don de los hermanos!

Cuando se subieron al coche, Pablo se empeñó en que lo llevasen a los carmelitas para acudir a la reunión de Effetá. Sus padres trataron de quitarle la idea de la cabeza, pues le veían muy pachucho, pero no hubo forma. La tenacidad, ya sabéis.

Lo dejaron en la puerta del convento y luego uno de los frailes lo llevó en coche a casa. La verdad es que el joven pudo darles la noticia y despedirse con calma de muchos de sus amigos, a los que no tendría tiempo de volver a ver con tranquilidad.

Al día siguiente, el joven volvió a pie al convento con gran esfuerzo para hablar con su director espiritual. Debido a la disnea no pudo subir las escaleras y el padre Desiderio le ayudó a subir en el ascensor. Al terminar tuvieron que llevarlo a casa en coche de nuevo. Tras la comida, la sensación de ahogo se agravó y nuestro protagonista acudió, preocupado, a su padre, por la falta de aire y la dichosa tos, que no le dejaba en paz.

Su saturación era del 84 %, por si el dato te dice algo. Decidieron llamar a su médico de confianza, quien felizmente estaba de guardia. Les dijo que fuesen al hospital mientras él les iba haciendo el volante de derivación a urgencias. Nada más llegar le pusieron oxígeno y, tras algunas pruebas, decidieron dejarlo ingresado.

SOSTENIDO POR LA ORACIÓN

Por segunda vez en dos días, Pablo pasaba por un hospital, esta vez en Salamanca. La disnea mejoró mucho con la administración de oxígeno, pero aquella solución no era más que un parche. Tenían que encontrar la causa.

Tras una simple radiografía de tórax obtuvieron la respuesta. El joven tenía líquido en el hemitórax derecho (derrame pleural para los amigos). Esa presión era la que no le permitía respirar con normalidad. La solución era sencilla: ese mismo día le pusieron un drenaje.

Pero esta colección de líquido no fue el único hallazgo. En la prueba de imagen los médicos pudieron comprobar que el nódulo de su pulmón había crecido a un ritmo imprevisto y tenía en aquel momento el tamaño de una coliflor.

Eso quería decir que había que reajustar la esperanza de vida de nuestro protagonista. Ya no serían ocho meses, sino aproximadamente noventa días. Todo estaba yendo mucho más rápido de lo previsto.

Pablo recibió la noticia con bastante paz, a pesar de que tendría que cambiar sus planes, enfocados todos ellos en lo que se había convertido en el propósito de su vida: llevar a los jóvenes a Dios y que hubiese unidad dentro de la Iglesia.

El capellán del hospital le llevaba la comunión cada día y, en una de sus visitas, nuestro protagonista le hizo una petición especial. Se trataba de la posibilidad de tener al Santísimo expuesto en su habitación mientras estuviese ingresado.

En aquel momento, el joven pidió a sus acompañantes que el que estuviese con él rezara el oficio de la liturgia de las horas que tocara y que, se pusiese como se pusiese, no le permitieran dejar la oración.

En la planta de oncología, Pablo disponía de una habitación individual para él solo, en la que podía recibir a familia y amigos de forma escalonada. Dios no tardaría en pedirle otra renuncia.

Llegados a este momento, quiero avisarte, para que no te escandalices, de que en este capítulo tienes los primeros ejemplos de hasta qué punto este joven se entregó al Señor hasta el extremo. Dios se lo pidió todo y él aceptó cada una de las renuncias. Unas le costaron más, otras menos. Alguna fue desgarradora.

Durante todo este tiempo la familia se turnó para cuidar a Pablo y que siempre estuviera acompañado.

Algún tiempo después de su ingreso, hicieron un cribado en la planta de oncología porque parte del personal presentaba síntomas de covid. Pablo dio positivo y según el protocolo del hospital debía pasar a la planta de neumología.

Allí metieron al joven en una habitación doble con un buen señor de avanzada edad, demenciado, que también tenía covid. El pobre hombre se quitaba la mascarilla, las gafas de oxígeno, trataba de arrancarse la vía y gritaba casi de continuo. No era culpa suya, por supuesto, pero no era lo que alguien en la situación de nuestro protagonista necesitaba.

A esto se sumó la falta de costumbre del personal de tratar con enfermos terminales. La nutricionista, al ver la analítica de Pablo, lo mantenía a base de un filete de pechuga de pavo a la plancha y pan blanco, todo sin sal, acompañado de una manzana o un yogur natural sin azúcar tres veces al día.

El personal de enfermería, por su parte, era muy reticente a administrar rescates de mórficos cuando el joven lo necesitaba, a pesar de estar pautados. En una ocasión, durante el cambio de turno a las diez de la noche, nuestro protagonista comenzó a sufrir dolor intenso. La enfermera le respondió que era muy pronto. A las doce tenía pautado un gramo de paracetamol y, si después de eso no se le pasaba, ya le pondría algo.

El dolor del hombro comenzaba a ser preocupante y se unía al producido por el tubo que le salía del tórax. Respecto a este último, uno de los hermanos de Pablo le dijo: "¿Cómo vas a decir que Jesús no te quiere si te ha regalado hasta la llaga de su costado?"

Para hacer justicia, debo destacar una honrosa excepción: una enfermera que actuaba diferente al resto de sus compañeras. Esta mujer fue un ángel para Pablo y su familia, y por ello le estarán siempre agradecidos. Una buena enfermera hace tanto bien como daño puede hacer una mala.

Durante este tiempo tan duro, una amiga del joven tuvo la buena idea de hacer un vídeo para nuestro protagonista en el que toda la gente que estuviese rezando por él y quisiera se grabase dándole ánimos. La idea era recordarle que no estaba solo en esta batalla, eran muchísimos los hermanos en Cristo que estaban sosteniéndole con la oración.

En este vídeo aparecían familiares y amigos cercanos, pero también llegaron fragmentos grabados en lugares tan alejados como Japón o Argentina. Comunidades de religiosos o simplemente laicos que habían escuchado su historia fueron enviando sus grabaciones hasta constituir un precioso vídeo que logró aligerar un poco la pesada carga de Pablo.

UNA LOCURA

De vuelta a la planta de oncología, después de que el joven diera negativo en las pruebas para covid, tuvo lugar la siguiente escena. Su padre no se preocupaba menos que el mismo Pablo de cumplir la petición de su hijo. Llegada la hora del rezo de vísperas, comenzó sin preguntar:

—Dios mío, ven en mi auxilio —empezó Ricardo.

El joven levantó una mano y le interrumpió.

—Papá, ¿tú crees que iré al Cielo?

El hombre se quedó sorprendido por aquellas palabras y tras pensarlo unos segundos contestó:

—No lo sé, Pablo. Dios quiere que todos los hombres se salven. Desde luego, te está dando todas las herramientas.

Rezaron juntos y llegó la noche. Pero a nuestro protagonista seguía inquietándole algo. Él sabía con toda certeza que Dios lo había llamado a la vida consagrada, a ser solo suyo. Sin embargo, lo que pensó que era su vocación, el monasterio, le había cerrado las puertas.

¿Entonces qué? ¿Se había equivocado al pensar en algo así? Siempre podía estar reflejando un deseo de su corazón y no la voluntad de Dios, pero lo veía tan claro...

Pablo ya había comentado esta preocupación con anterioridad con su director espiritual. Desi en aquellas ocasiones solo podía pensar: "Dios mío, que no diga que se quiere venir con los carmelitas, que me muero de pena si hay que decirle que no".

Decidió, pues, hablarle con franqueza.

—No te preocupes si no se te abren las puertas en la vida religiosa —comenzó. —Ya te has entregado por entero a Él: tu alma, tu mente, tus fuerzas, tu corazón. Amas a Cristo, lo demás... ¿Qué más te da? ¿Qué más necesitas?

—Una madre que me acoja —fue su sorprendente respuesta. —La Iglesia.

Al joven, tras mucho rezarlo, se le ocurrió una completa locura. Tan grande como solo pueden serlo las cosas del Espíritu Santo. Se la contó a su director espiritual.

A Desi le parecía imposible que se lo concediesen, pero... ¿quién sabía? Sin tiempo que perder, decidió hablarlo con el provincial de la Orden.

La idea de nuestro protagonista era solicitar a Roma la dispensa necesaria para poder profesar como carmelita *in articulo mortis*. Había asegurado que aceptaría como un mensaje de Dios la decisión que tomasen, solo quería hacer su Voluntad.

El provincial, al oírlo, no pudo evitar elevar los ojos al Cielo con agradecimiento al escuchar la propuesta. Desde que había tomado posesión de su puesto, había rezado mucho por las vocaciones de los jóvenes a la Orden. Pablo parecía ser la respuesta a estas oraciones.

Ya con el beneplácito de su superior, Desi les comentó la idea a Ricardo y Mª Carmen.

—Se nos ha ocurrido una locura —comenzó —y tenéis que rezar para que, si es del Señor, salga adelante.

Así pues, el 11 de junio la petición formal partió hacia Roma. La respuesta no se hizo esperar porque al día siguiente se emitió la dispensa. Pablo no cabía en sí de gozo. ¡Iba a ser carmelita! ¡Por fin iba a poder consagrarse a Dios!

Uno a uno, fue diciéndoselo a sus familiares y amigos, con el rostro radiante. Ya no le importaba lo que había sufrido durante su ingreso, ni lo que tenía por delante. Una canción comenzó a rondar de continuo sus pensamientos:

"Solo a ti, solo a ti, mi Amor, solo a ti yo te pertenezco...".

EL HÁBITO QUE HIZO AL MONJE

Para su toma de hábito, el miércoles 21 de junio, Dios le había concedido ya a Pablo la gracia de volver a la planta de oncología. Tras lo que acababa de pasar, volver a gozar de los privilegios de aquel lugar le parecía al joven un auténtico regalo del Cielo.

En aquella habitación individual nuestro protagonista introdujo a un compañero. Se trataba de uno tan discreto que muchos ni se daban cuenta de que estaba allí y, aun así, el mismo Dios habitaba aquellas cuatro paredes.

Los que sí notaron la presencia del Señor fueron los tres frailes que acudieron a la toma de hábito. Nada más entrar en el cuarto y antes incluso de saludar a Pablo, hicieron una genuflexión ante el Rey del Universo.

El joven los miraba, complacido, sentado en la cama con las piernas cruzadas. Su padre, desde que se quedó calvo, llamaba a aquella postura la de Buda. La mantuvo durante toda la celebración. No había mucho más sitio donde sentarse y ¿para qué engañarnos? Él era así.

Así pues, los presentes en la toma de hábito de nuestro protagonista fueron: el padre Salvador, provincial de la Orden; el padre Desiderio, director espiritual de Pablo; el padre Sandro, maestro de novicios; Ricardo y Mª Carmen y, por supuesto, Jesús Sacramentado.

El personal del hospital hizo la vista gorda con el número de personas que podían estar a la vez en la habitación. Fue una celebración sencilla, íntima y, sobre todo, muy alegre. Quiso que su nuevo nombre estuviese vinculado a su Madre y a Cristo, cuya Cruz era su única gloria. Ahí lo tienes, fray Pablo María de la Cruz.

—Te vas a librar de mí —le dijo el maestro de novicios.

Decía esto porque la consagración *in articulo mortis* dispensa de hacer el noviciado y las siguientes etapas que preceden a la Profesión Solemne, así como el año o los años de prenoviciado anteriores a recibir el hábito debido a la urgencia de la situación.

—Tranquilo, que si se cura tiene que empezar desde el principio —contestó al instante Desi.

Ese mismo día quedó fijada la fecha de la Profesión Solemne: sería el 25 de junio. Pablo escribió enseguida a sus familiares y amigos un *save the date*. Al fin y al cabo, se trataba de una boda.

Nuestro protagonista estaba como un niño con zapatos nuevos. Ya no permitía que nadie lo llamase Pablo. Él era fray Pablo María de la Cruz. Decía, radiante, que moriría carmelita.

Lo primero que hizo el joven como fraile carmelita fue estrenar los superpoderes que acababa de adquirir. En concreto, me refiero a la capacidad de imponer escapularios. Nadie —médico, enfermera, auxiliar, celador o personal de limpieza— se iba de su habitación sin que nuestro protagonista le hubiese ofrecido una dosis extra de protección de la Madre. Serían la "Hermandad de la planta de Onco", bromeaban.

P.D: Es mi deber decirte que, a pesar del título de este capítulo, los carmelitas no son monjes, son frailes, pero me gustaba mucho cómo quedaba. Espero que sepas perdonarme estos minutos que has vivido engañado.

SU MENSAJE

"*Mi nombre es fray Pablo María de la Cruz, novicio carmelita. Aunque a mí me gusta decir que soy en general de la Iglesia. Da igual de dónde seamos, tenemos todos en común la misma Madre.*

Bueno, [os cuento] un poco sobre mi situación de ahora. Es cierto que yo, este domingo, gracias a que me han concedido entrar en la Orden del Carmen de Abajo "in articulo mortis", hago la profesión de mis votos. La verdad es que está siendo una gracia de Dios.

Yo empecé con 16 años con una enfermedad, un sarcoma de Ewing, un cáncer que he ido arrastrando todos estos años. Ya va a hacer seis años. Es cierto que yo sentí la llamada de Dios a la vida consagrada y me ha concedido este milagrazo.

Según los médicos, mi enfermedad ya no se considera curable, va más rápido de lo que pensaban. En el tema médico me han dado unos cuantos meses de vida. Pero, sobre todo, lo que quería comunicaros es lo increíblemente bonita que es la muerte en Cristo. Es algo que no da miedo. Es algo, de verdad, alucinante y es un tabú que yo creo que hay que romper. A mí me han dicho que me quedan estos meses y me parece hasta mucho ya, de las ganas que tengo de poder encontrarme con el Padre.

Sobre todo, dos incisos que quería hacer. Uno era con respecto a los jóvenes, [quería] decirles que nunca es pronto para encontrarse con Dios. Es una de las mayores cosas que podemos hacer en nuestra vida. Los jóvenes que sean espabilados. Me refiero, que no nieguen a Dios de primeras. Que si realmente tienen una inquietud, que busquen, que quien busca encuentra. Que pongas a Dios a prueba de si realmente existe y que Dios siempre responde en estas cosas.

La segunda es darle gracias a Dios por este tiempo que me está concediendo. De verdad, me noto muy sostenido en la oración, por cómo lo está llevando mi familia y la alegría que puedo tener yo con todo esto. Como ya he dicho muchas veces, yo me he encontrado con Dios en el sufrimiento en la enfermedad. Gracias a la muerte en esta enfermedad me voy con Él, y esto es algo que me hace inmensamente feliz.

Así que nada, muchas gracias".

Entrevista radiofónica
Programa *El espejo de la Iglesia*
COPE Salamanca
22/06/2023

Si quieres escuchar la voz de Pablo, te dejo el enlace de la entrevista por aquí:

ENTREVISTA COPE

EL OBISPO Y EL GRAN SILENCIO

A Pablo finalmente le dieron el alta el viernes 23 de junio por la tarde. Al día siguiente todos necesitaban descansar de los turnos de hospital. Solo una persona estaba levantada esa mañana cuando sonó el teléfono.

A Mª Carmen le había parecido oírlo sonar y cruzaba rauda el pasillo, rumbo al teléfono fijo que mantenían como reliquia. Eran aproximadamente las nueve de la mañana. Como suele pasar con las llamadas importantes, ella se encontraba a la otra punta de la casa

—¿Sí? —alcanzó a preguntar, con la esperanza de que no hubiesen colgado.

—Mª Carmen, soy Desi —dijo este con voz alegre. —Tengo una sorpresa para ti. En media hora estará el obispo en tu casa para hablar con Pablo.

La mujer se quedó blanca. En media hora estaría allí aquella autoridad eclesiástica. Miró a su alrededor: los restos del desayuno aún en la mesa de la cocina, ella en bata y su hijo... bueno, dormido como un ceporro.

Mª Carmen se convirtió entonces en un huracán de actividad tal y como solo las madres saben hacerlo. Treinta minutos después el salón estaba listo para recibir al obispo, su hijo duchado, vestido y perfumado y hasta le había dado tiempo a preparar café y pastas.

Cuando el prelado entraba por la puerta, acompañado de su hermano y del padre Desiderio, la familia al completo salió a recibirle. Una de las hermanas llevaba el abrigo puesto, pues tenía que acudir a un ensayo. Al verlo, el obispo preguntó: "¿os vais?".

Gracias al gen Alonso y a la providencia divina, Juan entendió aquella pregunta como una Orden. Se encogió de hombros, se puso un abrigo y salió detrás de su hermana. No iba a contradecir al señor obispo.

Una vez acomodados en el salón, el prelado les explicó que había querido acercarse a felicitar personalmente a Pablo por la consagración pues pensaba que no podría acudir, no podría acudir. Al final no solo estuvo presente, sino que presidió la celebración.

Añadió que sabía a ciencia cierta que eran muchas las gracias que se estaban derramando sobre la diócesis debido a su testimonio.

Nuestro protagonista le confesó que para él todo lo que estaba pasando era un milagro y que era el primer sorprendido al ver la reacción de la gente. Le contó que había decidido ofrecer toda su vida para que otros jóvenes se encontraran con Cristo, y le habló de su amor a la Iglesia en toda su diversidad de carismas. A modo de ejemplo le explicó en qué consistían miseando, JMC, las convivencias, retiros y encuentros de distintos movimientos... todo ello una gracia de Dios.

Narró cómo había pasado de una fe infantil a una crisis de fe, y de esta a una fe madura e hizo la siguiente reflexión. Para Pablo, la madurez espiritual se medía en la flexibilidad. Dios va cambiando nuestros planes continuamente y quiere que nos dejemos llevar. "La rigidez es una mala compañera de la vida de fe", sentenció.

También le habló de la que sería la tercera intención por la que ofrecería su vida: que los cristianos le perdamos el miedo a la muerte.

El joven hablaba de todo esto con alegría y serenidad, como si todo aquello fuese lo más normal del mundo.

La conversación duró aproximadamente una hora y media, tiempo más que suficiente para que los presentes pudiesen empaparse del espíritu que desprendía nuestro protagonista. Con su cabeza rapada, enamorado de Cristo hasta las trancas, transmitía este mismo amor con paz y alegría en medio de su situación.

De vuelta a casa, el obispo, su hermano y el padre Desiderio guardaban un silencio meditativo. Como confesaría el prelado más adelante, estaban sobrecogidos por lo que acababan de ver y oír: una denuncia profética a su tibieza que hundía sus raíces profundamente en tierra. La experiencia de Dios, la vocación cristiana y la misma santidad no se improvisan. Todo lo vivido se va acumulando hasta que un detonante hace estallar la carga. En el caso de Pablo, esta chispa necesaria había sido su enfermedad.

—Disculpe que no hable, don Jose Luis —dijo al fin el fraile. —El silencio es la única respuesta que tengo ante lo que acabo de presenciar.

—Es increíble —contestó el obispo en un murmullo. —Este joven dará frutos insospechados para todo el que sea testigo de su entrega.

Pronto pudieron comprobarlo los pobres carmelitas. El teléfono del convento no paraba de recibir llamadas referentes a nuestro protagonista. Unas, para interesarse por su historia y felicitarle por su inminente profesión. Otras, solicitando su intercesión en alguna causa perdida.

Como podéis ver ya desde ahora, Dios estaba cumpliendo sus dos anhelos, el de consagrarse a Él en cuerpo y alma y el de evangelizar a los jóvenes, sin quitar de su vida la enfermedad. Es más, lo estaba haciendo a través de ella.

EL TRAJE DEL NOVIO Y LO QUE TE RONDARÉ, MORENA

Os estaréis preguntando qué había estado haciendo Juan mientras sucedía todo esto. El pobre, sin comerlo ni beberlo, había acudido al ensayo al que iba a ir solo Noemí. A la salida, en pleno centro de Salamanca, los dos hermanos se dieron cuenta de algo: Pablo no tenía nada que ponerse para su boda, como él siempre llamó a la profesión. Todos los trajes que tenía le venían grandes porque en aquel momento estaba en los huesos.

No pasaba nada, los dos hermanos se encargarían de solucionarlo y, en la primera tienda en la que entraron, encontraron una preciosa camisa blanca de lino. Era tan bonita que ningún pantalón le iba bien, así que tuvieron que comprarle también uno.

Cuando llegaron a casa y se lo enseñaron al joven, le brillaron los ojos de emoción. Era justo lo que él necesitaba. Como buena novia quería ir de blanco.

Aquella tarde, quizá por la emoción del día, quizá por la anemia, nuestro protagonista se encontraba realmente cansado. Justo lo comentaba con sus hermanos cuando una música le llegó desde el parque situado frente a su casa.

Allí se habían congregado un grupo de unas cien personas. Lo integraban amigos y familiares de Pablo. Habían acudido a cantar bajo su balcón, pues entre ellos era tradición que el novio, el día antes de la boda, fuese a rondar a su amada y cantarle con mejor o peor voz.

Dios se encargó de tener este detalle también con su amado y allí estaban, cantando entre sonrisas y lágrimas, las personas que más querían al joven. A pesar de su cansancio, nuestro protagonista decidió unirse a ellos al terminar. Estuvo hablando y saludando a todos. También hizo uso de sus superpoderes nuevos y bendijo a las embarazadas.

Fue entonces cuando su madre pronunció la frase que saldría en los titulares de la prensa salmantina, quien se hizo eco de toda la trayectoria de Pablo, desde su toma de hábito hasta su funeral: "¡La que has liado, pollito!".

ABRAZAR LA CRUZ

El dolor llegó sin avisar y tan repentinamente que nadie lo esperaba. En el hospital, antes de darle el alta, los oncólogos habían ido pasando toda la medicación endovenosa a la vía oral y habían comprobado que fuese efectiva antes de dejarle ir. Quizá fue el esfuerzo que había hecho Pablo durante todo el día lo que precipitó los acontecimientos o, quizá y de un modo que solo intuimos, Dios lo tenía previsto.

Lo cierto es que en mitad de la noche, el joven se vio obligado a despertar a su hermano, con el que compartía habitación desde que tenía uso de razón. El dolor en el hombro había alcanzado una intensidad que comenzaba a asustarle.

Juan le administró analgesia de rescate según la pauta que les habían dado. No funcionó. Aún podían jugar otra baza: un amigo de la familia trabajaba como médico en la unidad de cuidados paliativos y siempre estaba disponible. Marcaron su número y el de su esposa una y otra vez y no obtuvieron respuesta. Como sabrían más adelante, sus teléfonos se habían apagado sin que sus propietarios se diesen cuenta.

En algún momento de todo este episodio, Mª Carmen acudió a la habitación de su hijo al oír ruidos. Allí, los dos hermanos acompañaban en el sufrimiento a Pablo como podían. Al verla aparecer, el joven le dijo con autoridad: "¿Qué haces despierta? Vete a dormir".

Mª Carmen obedeció. Esto en sí mismo ya constituye un milagro. En aquel momento ella no era consciente de lo que estaba pasando. Lo cierto es que, si hubiese presenciado el sufrimiento de su corderito aquella noche, se habría roto por dentro.

El dolor era para entonces tan intenso que no permitía a nuestro protagonista estar quieto. Se balanceaba de un lado a otro y cambiaba de postura continuamente tratando de aliviarlo sin éxito. Desesperado, a Juan se le ocurrió entonces llamar a su hermana enfermera. Quizá ella supiese qué hacer.

Al escuchar el relato de su hermano y la voz quebrada por el dolor de Pablo, esta colgó y avisó al Servicio de Urgencias de Atención Primaria. Un equipo formado por una doctora y una enfermera se personaron en el domicilio pocos minutos después. Tras informarse de la medicación que ya le habían dado, le administraron un potente sedante y el joven pudo al fin descansar.

Al día siguiente, como cada domingo, los Alonso Hidalgo rezaron los laudes en familia. En este contexto y con la voz quebrada al recordarlo nuestro protagonista relató cómo había vivido aquella dura prueba. Quiero dejar que sea él, con sus palabras, el que te lo cuente también a ti.

"Veo que el demonio se va metiendo en todo esto. Ayer hablaba con Juan un poco sobre la angustia. Es cierto que yo no tengo miedo a la muerte, sé todo lo que está haciendo Dios. Pero es cierto que a veces me entra una angustia que no sé de dónde viene tampoco. Me da un poco de miedo lo rápido que está yendo, lo que pueda pasar, si va a ser todo como ayer, que se descontrolaron las cosas, que haya sufrimiento de por medio. No sé.

Lo de ayer fue bastante duro. Lo hablaba con Juan, que estuvo todo el rato a mi lado. Yo esto lo puedo ofrecer, porque me han pedido un montón de intenciones y un montón de cosas, pero dolía mucho realmente. Fueron cuatro horas y parece que salió todo mal, no nos cogían el teléfono y yo no sabía qué hacer. Estaba muy desesperado, no sabía en qué posición ponerme o qué hacer para aliviar un poco el dolor.

Lo hablaba con Juan y le decía: "¿Qué sentido tiene que esto sea ahora?" Es cierto que todos los santos hablan de grandes sufrimientos. San Rafael Arnaiz tenía muchos dolores también. Será para mí también.

Pensaba que estoy con paliativos para no tener sufrimiento y veo que se descontrolan las cosas, no todo es tan... veo que estas cosas pueden pasar. Decía, con todo lo que hay mañana... Por mis narices y por Dios que mañana me consagro, como si me tienen que llevar como al Mr. Burns, con cuerdas. Aunque sea en camilla o inconsciente, pero yo me consagro.

Ahora estoy mucho mejor, pero ha sido una noche muy mala. Nunca había tenido unos dolores así y duraron mucho tiempo. En ningún momento me revelé contra Dios ni me alejó de la fe. De hecho, cuando estaba Noemí también y me decían: "¿qué podemos hacer por ti?" No podían hacer nada para que me doliese menos y yo les dije: "lo único que podéis hacer es rezar", y estuvieron con el rosario hasta que llegaron los médicos.

Y es cierto que me dolía, pero yo lo dije, no quiero que Dios me quite ningún sufrimiento. Si está ahí es por algo. Yo llevo mucho tiempo de hospitales, pero un sufrimiento así no lo había tenido nunca, un dolor constante.

Fue un momento de angustia porque no se podía hacer nada. Ya me habían dado todo lo que me podían dar y solo quedaba esperar. Yo decía, vale, yo espero, pero me duele mucho. El pobre Juan que estaba ayudando ya no sabía en qué posición ponerme. El llegar a vomitar de dolor fue demasiado.

Pero si es un sufrimiento que lo ha puesto Dios porque tiene un sentido, tampoco me lo quiero quitar. Entonces nada, que realmente en todo esto... gloria a Dios".

Me gustaría poder decirte que aquella noche Pablo sufrió los dolores más fuertes de su vida, o al menos que ese episodio fue el más largo de los que tuvo, pero por desgracia te estaría mintiendo.

PROFESIÓN SOLEMNE

Cerca de cuatrocientas almas aguardaban en el interior de la iglesia del convento del Carmen de Abajo a que comenzase la profesión.

Pablo estaba cansado, muy cansado. A pesar de que cierto malestar originado por los nervios es normal antes de una boda, también podía tener algo que ver que el joven tuviese una anemia severa y la tensión por los suelos. También puedo decirte que si el cansancio era grande, la alegría era aún mayor.

Cuando llegó al convento, pidió que lo llevasen a una pequeña capilla que hay en la primera planta para tener un momento de intimidad con su Amado. Nuestro protagonista tenía claro que Él era el centro de todo aquello y quería que los asistentes a la celebración también lo entendiesen. Allí, postrado en un improvisado lecho de cojines, oró por esta intención.

Llegada la hora no se veía con fuerzas de recorrer a pie la distancia que lo separaba del altar, por lo que los carmelitas buscaron una silla de ruedas. Si miras las fotos, nada difíciles de encontrar en internet, podrás ver dos cosas. La primera es lo guapo que iba con su traje blanco. La segunda, y a pesar de su palidez extrema, es que podrás contemplar esa cara radiante de la que hemos hablado ya en tantas ocasiones.

En el momento más emotivo de la profesión, mientras Pablo leía sus votos, dio un pequeño susto a los presentes. El joven, de rodillas frente al provincial que sostenía el libro del que leía, hizo una pausa. Parecía que la emoción no le dejaba seguir. Hasta que se desplomó inconsciente en el suelo. Vale, igual el susto no fue tan pequeño.

Algunos dicen que fue un descanso en el Espíritu. Lo cierto es que bastante estaba dando de sí su cuerpo. No fuimos pocos los que le pedimos (o exigimos) a Dios que dejara al pobre muchacho casarse tranquilo. ¿Dónde se ha visto que se lleven a la novia antes de terminar la boda? No, Señor. Hay que hacer las cosas como Dios manda y la Virgen recomienda.

Su médico de confianza, Nacho, se acercó y le dio dos fuertes bofetadas. Nuestro protagonista volvió en sí al instante.

Durante toda la celebración Juan había sido un apoyo irremplazable para su hermano, y lo digo de manera literal. Lo sostenía para que pudiese estar de pie. De hecho, no dejó que la cabeza de Pablo tocase el suelo en ningún momento.

—¿Qué ha pasado? —preguntó el joven al abrir los ojos.

—Que te has desmayado.

—Ah, pues ya estoy bien —respondió.

Continuaron la profesión, en esta ocasión Pablo se quedó sentado y fue el provincial el que se puso de rodillas ante él para que pudiese leer. Fue un gesto a través del cual el joven se sintió muy querido.

Tras la celebración vino una pequeña fiesta en el refectorio de los carmelitas. Mientras tanto, nuestro protagonista fue a una sala aparte donde pidió ver, en primer lugar, a las familias de sus amarillos. Les prometió a los padres de Mario y Guillermo que lo primero que haría al llegar al Cielo sería abrazar a sus hijos.

Recibió después a incontables familiares y amigos. Para él tuvo que suponer un auténtico esfuerzo en su estado. Una de sus amigas le preguntó si creía que llegaría a ser santo, a lo que Pablo contestó con una sonrisa: "con llegar hoy a la cama me basta".

LA CELDA DE SU HIJO

Fray Pablo ya no viviría más en el piso de sus padres. Desde esa misma noche se mudó al convento, pues como dice el refrán: "El casado, casa quiere". El joven siempre había tenido muy claro cómo sería la casa de sus sueños.

Siempre que volvían a Madrid para un ciclo de quimio, nuestro protagonista necesitaba su tiempo de catarsis. Lo pasaba mirando por la ventanilla del coche, con los auriculares puestos y la música sonando a todo volumen. En numerosas ocasiones, cuando se encontraba mejor, se giraba hacia su padre y le decía: "cuando yo sea rico me tienes que diseñar una casa en la que pueda recibir a mis amigos".

Allá por el año 2015, Ricardo, que como recordarás es arquitecto, se encontraba inmerso en uno de los proyectos más difíciles y apasionantes de su carrera. Estaba diseñando la reforma del Convento de San Andrés, más conocido como el Carmen de Abajo en Salamanca. Si algún día lo visitas verás el gran trabajo que hizo.

En un determinado momento a Ricardo se le ocurrió aprovechar un espacio que en principio iba a quedar fuera de clausura para diseñar una celda medicalizada, con una amplia sala frente a ella. Los carmelitas rechazaron la idea en un principio, pero, como ya te he contado, este arquitecto es un hombre muy tenaz y acabaron por darle el visto bueno.

Ocho años después, unos días antes de la profesión, el padre del novio acudió al convento para llevar el vino que se serviría en la fiesta posterior. Cuando lo vieron, los frailes se alegraron mucho, y no solo por las botellas. Llegaba en un momento providencial.

Estaban debatiendo en qué celda acogerían a fray Pablo y no eran capaces de llegar a un acuerdo. A Ricardo, tras pensarlo unos segundos, se le iluminó el rostro y exclamó: "¡En su celda!".

Los frailes no entendían nada, pero tú seguro que sí. En aquella habitación de dos camas, una para el enfermo y otra para el cuidador, con espacio para una silla de ruedas y un baño adaptado pasó fray Pablo sus últimos días. Frente a ella, una sala amplísima en la que pudo recibir a familiares y amigos, y una gran terraza con unas impresionantes vistas de la Sierra de Gredos y el casco histórico de Salamanca. Era justo lo que él había deseado.

Su padre solo podía dar gracias a Dios que lo tenía todo planeado desde el principio. "He diseñado la casa de mi hijo sin saberlo", repetía.

Algo parecido pasó con el Cristo de la Espina. Fue un regalo de una residencia de ancianos para los carmelitas, pero estos no sabían qué hacer con él. Cuando le preguntaron a Ricardo, les dijo: "Es justo lo que necesitamos". Él había dibujado ocho años antes el coro de la iglesia en los planos presidido por un crucifijo exactamente de ese tamaño. Una vez más, Dios ya lo tenía todo pensado.

¿Tenía Ricardo un don especial para ver el futuro? No, pero sí contaba con un arma secreta. Antes de trabajar, como muchos cristianos, pide la asistencia del Espíritu Santo para que le ayude y para que sus esfuerzos estén siempre encaminados a hacer su Voluntad. Puedo decirte por experiencia propia que los frutos que da este ofrecimiento sobrepasan todas las expectativas. Por otra parte, siempre se encomienda a san José.

Fray Pablo fue muy feliz el breve periodo de tiempo que vivió en el convento. Trataba de hacer vida en comunidad en la medida de sus posibilidades y bajaba siempre en silla de ruedas a la eucaristía con sus nuevos hermanos.

Con uno de ellos tenía un juego. Se trataba de colgarle al otro una pinza de la ropa en el hábito sin que este se diese cuenta. Por cada una que le ponía el fraile, fray Pablo le colocaba diez, y el pobre no pudo vivir tranquilo el tiempo que duró la broma. Llamaron a este juego "la pinza de la humildad".

MÁS AMOR

El 1 de julio quedaría marcado como uno de los más duros en la vida de fray Pablo María de la Cruz. Era la octava noche que pasaba en el convento y su hermana lo acompañaba, durmiendo en la cama de al lado. De nuevo sin avisar, comenzó el dolor.

El joven sufría un dolor neuropático en el hombro derecho. Para que te hagas una idea es el mismo tipo de dolor que el de muelas, que cada vez va a más, aparentemente sin límite. Si alguna vez lo has sufrido vas a entenderlo a la perfección.

Nuestro protagonista tenía ya una medicación basal específica para este tipo de dolor, pero acababa de empezar con ella y la dosis era baja. Los rescates de analgesia que podía utilizar cuando el dolor persistía eran de morfina, sustancia que nada podía hacer contra este tipo de dolencia.

Comenzaron de nuevo a rezar el rosario y al principio de cada misterio fray Pablo ofrecía su sufrimiento por una intención distinta.

—¿Tienes una lista? —le preguntó su hermana Noemí.

—No, se me dice en cada momento por quién tengo que pedir —respondió.

Tras muchos misterios y varios rescates sin conseguir ningún alivio decidieron llamar de nuevo al SUAP. Mientras esperaban al equipo de sanitarios, los hermanos que le acompañaban decidieron probar medidas sobrenaturales. Nada tenían que perder.

Alguien le había regalado a fray Pablo por su profesión un pañuelito de la Virgen de Medjugorje donde había recogido unas gotas del líquido que sale de la estatua de Cristo Resucitado que allí se encuentra y al que se le atribuyen propiedades sanadoras.

Cuando le pusieron el pañuelo sobre el hombro, solo durante unos segundos, el dolor desapareció por completo. Para el joven fue como estar ahogándose y poder sacar un momento la cabeza del agua para poder respirar. Por más que lo intentaron, el milagro no volvió a suceder. No hizo falta.

Nuestro protagonista había entendido algo. Si Dios quería podía acabar con el dolor en aquel mismo instante. Si Él, que era quien más le quería en todo el universo, lo permitía, debía ser realmente importante.

Fray Pablo llegó entonces a un punto espiritual diferente. Su rostro cambió, parecía estar fuera de sí.

—Ahora lo entiendo —exclamó, agarrando del brazo a Noemí. —¿Cómo no me he dado cuenta antes? Más dolor, más amor. Estoy sintiendo el dolor de la humanidad.

A pesar de su cambio interno, el dolor continuaba triturando su cuerpo sin piedad. Juan informó a la médico del equipo de la situación y, en cuanto vio el estado en el que se encontraba el joven, decidió sedarlo.

Sin embargo, el dolor que estaba sufriendo era tan intenso que su cerebro no le permitía "desconectarse". Se tambaleaba, estaba como adormilado, pero seguía presentando signos de dolor. La doctora pautó a la enfermera doblarle la dosis. Tampoco fue efectiva. Fue entonces cuando decidieron derivarlo con carácter urgente a la unidad de cuidados paliativos.

Mientras esperaban a la ambulancia, las dos mujeres pasaron un mal rato. Ellas eran profesionales de la salud y, aun así, ver a nuestro protagonista en aquel estado de angustia les había afectado profundamente. Cuando los técnicos de emergencias se lo llevaron en camilla acompañado de su hermana fray Pablo estaba destrozado.

Allí, tras una analítica y el paso de medicación específica por vía endovenosa, el dolor comenzó por fin a remitir. Fueron más de siete horas en las que el joven se unió a la Pasión de Cristo en cuerpo y alma.

Al día siguiente, mientras esperaba a que un bolo de medicación hiciese efecto, le confesó a su padre:

—Doy gracias a Dios por los paliativos. Jesús no los tuvo.

—Jesús está contigo en esa cama, Pablo —le contestó Ricardo.

—Pues el colchón está muy duro —bromeó.

—Más dura estaría la cruz, hijo.

El joven alzó los ojos y miró al fondo de la habitación. Allí, en un pequeño portaviático, le devolvió la mirada Jesús sacramentado.

PALIATIVOS

Juan consultó su reloj. Aún tenía tiempo hasta la llegada de sus hermanas. Necesitaba hablar con Pablo de un tema importante.

Lo que había presenciado hacía un par de noches, todo ese sufrimiento en su hermano pequeño que, además, no había podido aliviar de ninguna forma, había roto algo en su interior. Sin embargo, para el joven carmelita no había supuesto una piedra de tropiezo, ni algo que hubiese hecho que su fe se tambaleara. Más bien al contrario. Su hermano no podía entenderlo, estaba escandalizado. Cuando le confesó todas estas dudas a nuestro protagonista, este no pudo evitar entristecerse. Le prometió que rezaría por él para que pudiese entenderlo.

Así comenzaron los días de ingreso en la unidad de cuidados paliativos del Hospital de los Montalvos. Este edificio fue construido como sanatorio para enfermos de tuberculosis. Por eso se encuentra situado en un alto en mitad de la nada, con mucho campo y mucho aire libre alrededor. Esto era algo que Pablo agradecía. Mientras su estado se lo permitió, salió al balcón para contemplar la naturaleza.

Si bien es cierto que estar ingresado era para él como un castigo y soñaba con volver a estar entre las paredes de su querido convento, no todo fue malo durante su estancia.

El joven había pedido que le dejasen acercarse a la capilla. Le informaron de que, para su desgracia, en ese momento estaba cerrada al público por obras. Aun así, una de las doctoras consiguió que le permitiesen acceder al coro de la iglesia, desde cuya altura podía rezar un poquito no porque tuviese el tiempo restringido, sino porque no aguantaba mucho sentado. No le faltó nunca la comunión diaria, ni la presencia de Jesús sacramentado en la habitación.

También me gustaría contaros cómo la familia Alonso Hidalgo transformó la sala de reuniones del equipo médico en una improvisada sala de cine donde visualizaron el primer capítulo de *The chosen*. Lo hicieron a petición del mismo Pablo y todos quedaron impresionados cuando, nada más empezar el episodio, recitaron exactamente la lectura que Dios le había regalado al joven. Por cierto, si no conoces esta maravilla de serie ya estás corriendo a verla. No tiene desperdicio.

A última hora de la tarde solían juntarse los cinco hermanos en la habitación. En estos momentos hacían adoración, cantaban, trataban de hacer alabanza y lo que nuestro protagonista pidiese en ese momento. Además, mientras estuvo ingresado, Pablo cenó a la carta cada uno de los días.

Todas estas cosas daban un respiro a la espera infinita que supone estar en un hospital. Y realmente necesitaba estos descansos, pues si por el día estaba ocupado, durante la noche no lo estaba menos.

Debido a los efectos de la medicación, Pablo tenía sueños lúcidos que luego no recordaba, pero por culpa de los cuales pasaba las noches trabajando. Cuando no estaba escalando una montaña, estaba arreglando un barco. En ocasiones lo sentía de una forma tan real que había que tener cuidado de que no saltara de la cama.

Al día siguiente solía preguntarse por qué estaba tan cansado. Su acompañante de aquella noche podía contestar a esa pregunta sin esfuerzo.

NOCHE OSCURA

La conversación en el interior de la habitación se detuvo al instante. Las tres hermanas pudieron ver desde el dintel de la puerta que acababan de cruzar la profunda tristeza que nublaba el rostro de fray Pablo. Había llegado el momento que habían estado temiendo.

Lo esperaban, es cierto. Sabían que el joven debía pasar su propio Getsemaní y que el demonio no iba a dejar escapar una presa tan jugosa. Ahora les tocaba ayudarle de la única manera que podían hacerlo: rogando a tiempo y a destiempo para que los ataques del enemigo no hicieran mella en su hermano.

El tentador estaba aprovechando los puntos débiles de nuestro protagonista y, además, había esperado a que se encontrase en sus horas más bajas para atacar con fiereza. La noche oscura comenzó la mañana del 10 de julio cuando David, médico de la unidad del dolor y amigo de la familia, pasó a verle, como cada día.

En esta ocasión se despidió de fray Pablo porque se iba un mes de vacaciones y, como le dijo con franqueza, no se verían más en este mundo. Para el joven, aquel plazo tan ajustado que ya conocía, pero que su mente había intentado ocultarle, se hizo de pronto muy real.

Pasó el resto del día abatido. Le confesó a su hermano que nunca había tenido dos cruces tan serias juntas: el sufrimiento de la enfermedad había quedado oscurecido por la proximidad ineludible de la muerte. Por primera vez desde su conversión sentía que el peso era tan grande que amenazaba con aplastarlo.

Sus hermanas lo miraron, apenadas. Era normal ver a nuestro protagonista muy cansado, pero esta vez era diferente. Sus ojos reflejaban desconcierto, angustia, enfado y desesperación. Dieron en seguida la voz de alarma al resto de la familia y se pusieron a rezar. No podían dejarlo solo en aquel trance y tampoco había mucho más que pudieran hacer.

Su padre se lo comentó también a Desi, quien viéndole las orejas al lobo, pidió a la familia quedarse esa noche con fray Pablo en el hospital, y menos mal que lo hizo. Su experiencia en el acompañamiento espiritual de centenares de almas le dio las tablas necesarias para poder asistirle en este combate, que no era ni contra la carne ni contra la sangre. Su ayuda fue realmente crucial.

El demonio atacó al joven donde más le dolía. Una por una le puso delante todas las cosas que ya nunca podría hacer. No me refiero solo a metas a medio o largo plazo como el ver crecer a sus sobrinos, los jóvenes a los que podría haber acercado a Cristo o el interrail a través de Europa que tenía pensado realizar con sus amigos. El enemigo también apuntaba a todas las reflexiones y descubrimientos espirituales que quería poner por escrito y se llevaría consigo a la tumba, tantas cosas que le hubiese gustado dejar preparadas antes de morir. Pero, sobre todo, le dolía la renuncia a poder despedirse de toda la gente a la que quería. Tenía una palabra para cada uno de ellos que ya nunca podría decirles.

Su director espiritual permaneció todo el tiempo a su lado.

—No entres ahí —le decía entre la orden y la súplica. —No entres ahí.

Estuvo toda la noche en vela, rezando con él.

Este fue el Getsemaní particular de nuestro protagonista. El miedo, la angustia, la oscuridad profunda frente a la muerte, los sueños y proyectos futuros truncados le asaltaron esa noche. Sintió que el enemigo quería llevarlo por medio del dolor físico a la desesperación, a perder la esperanza.

Aquella noche, fray Pablo María rezó intensa y repetidamente: "Líbranos del mal, líbranos del mal, líbranos del mal..." y "más dolor, más amor". A modo de letanía, presentó al Señor sus intenciones:

"Por los jóvenes que no conocen a Dios... Por los que no se sienten amados ni queridos... Por los que llenan el vacío con más vacío... Por los que caen en las adicciones... Por los que están enfermos... Por los que están solos... Por los que buscan la felicidad en la afectividad... Por los jóvenes de la Iglesia, para que no se escandalicen [de ella] y permanezcan en ella... Por los jóvenes que están desorientados y engañados, sobre todo con el tema de la sexualidad... Por los que no se atreven a dar el paso a entregar su vida a una vocación en la Iglesia... Por los que piensan suicidarse o ya lo han hecho... Que tengamos buena conciencia... y distingamos entre el bien y el mal... Que sepamos buscar a Dios... Que todo sea para gloria de Dios... Por todos los que rezan por mí... Por nuestros bienhechores... Y [por] todas las intenciones que me han enviado... Rezo por ellas y se las presento al Señor".

Con la llegada del alba le dijo a Desi: "estoy preparado".

Expresó su deseo de volver al Convento de San Andrés con sus hermanos carmelitas y le pedía a Dios una última gracia: entregar allí su vida a Jesús, a los pies de su Madre, la Virgen María.

En un mensaje que escribió a su familia y pidió difundir informaba de todo esto y pedía que no dejasen de rezar por él para que su fe no flaqueara ni dudase nunca del amor de Dios. Una vez estuvo en el convento, su amigo el monje trapense, del que ya os he hablado, le hizo llegar un mensaje a través de su hermano:

"Dile a Pablo que no se preocupe más por la noche oscura. Es para que los "mayorones" se hagan pequeños, y él ya es pequeño".

EPÍSTOLA DE FRAY PABLO A SU SANTIDAD
EL PAPA FRANCISCO

Para ser justos, la idea de escribirle una carta al sucesor de Pedro, cabeza de la Iglesia, no fue de nuestro protagonista, sino del padre provincial. Se le ocurrió cuando el joven le comentó lo mucho que le hubiese gustado haber asistido a la JMJ que ese año se celebró en Lisboa.

Debido a su precario estado de salud, estaba claro que le sería imposible. Sin embargo, la idea de escribir al papa como jóven que había recibido la misión de atraer a otros como él a Cristo le encantó.

Postrado en la cama de su habitación de hospital en la unidad de paliativos, fray Pablo intentó escribir, pero las fuerzas no se lo permitían. Así pues, él dictaba y el padre Desiderio escribía como un buen amanuense.

Cuando estuvo lista, los carmelitas comenzaron a mover los hilos para que llegara a su destinatario y no se perdiese entre los montones de correspondencia que recibe la Santa Sede. Así pues, adjuntaron a la misiva de nuestro protagonista otras dos, una del obispo de Salamanca y otra del provincial, asegurando la veracidad de lo allí escrito, así como los frutos y gracias que la entrega de aquel joven estaba dando y ellos podían atestiguar.

Finalmente, fue la corresponsal de COPE en el vaticano, en la rueda de prensa que se llevó a cabo en el avión que llevaba al papa a la JMJ, la que le hizo entrega de la carta que ahora pongo también en tus manos:

"*Querido papa Francisco:*

Soy fray Pablo María de la Cruz Alonso Hidalgo, carmelita. Tengo 21 años. El pasado 25 de junio de 2023 recibí la gracia de ser admitido a la profesión religiosa, "in articulo mortis", haciendo voto de pobreza, obediencia y castidad en la Orden del Carmen, en el Convento de S. Andrés de Salamanca, lugar donde vivió S. Juan de la Cruz. A estas alturas solo me sale dar gracias a Dios por este regalo inmerecido y tan grande que me ha hecho nuestra Madre la Iglesia a través de la Orden del Carmen. El proyecto de vida no podía ser más fascinante: "vivir en obsequio de Jesucristo".

Llevo 6 años combatiendo contra el sarcoma de Ewing. Soy consciente de que todo tiene una razón dentro del plan de Dios. En medio de altibajos, días mejores y peores, y con mucha purificación por medio de la enfermedad, hoy contemplo mi vida y puedo confesar que he sido y soy feliz. He descubierto que el centro de mi vida no es la enfermedad, sino Cristo. Como les he dicho a mis amigos, a mi familia, a mis hermanos carmelitas: "Por el sufrimiento en la enfermedad me encontré con Dios, y por la muerte en la enfermedad me iré con Él. Y, por ello, le doy gracias".

Me encuentro actualmente en la unidad de paliativos del Hospital Clínico Universitario de Salamanca y presiento que el Padre, en su infinita misericordia, me llamará muy pronto a estar con Él. Los médicos, en esta recta final, me han dado una gran noticia: que podré regresar al convento y, allí, entregar mi vida a Jesús, muriendo en El Carmen de Abajo, donde tantas gracias he recibido a los pies de la Virgen del Carmen. El misterio de la cruz ha presidido mi vida, pero puedo gritar con fuerza, con san Tito Brandsma, al que me encomendé hace unos meses: "La cruz es mi alegría, no mi pena". No obstante, no he estado solo en este período de enfermedad, Jesús Eucaristía me ha acompañado todos los días, siendo Él el mejor paliativo y la mejor medicina a mis dolores. Ya lo he dejado dicho para que lo anuncien en mi funeral, que "el que quiera hablar conmigo lo tiene muy fácil, que se acerque a la Eucaristía, allí me tienen siempre en línea. ¡Si sentimos el mismo fuego en el amor a Jesús-Eucaristía, tú y yo, hermano, somos UNO!".

Deseaba participar en la JMJ de Lisboa con Vd. y con tantos jóvenes de todo el mundo que van a desplazarse allí esos días. Sé por experiencia que el fuego interno que puede tener un joven enamorado de Jesús no lo puede apagar nadie. Pido al Señor que en Lisboa arda ese fuego del amor de Dios. ¡Cómo me gustaría que los jóvenes conocieran a Jesús, mi Amado! ¡Me ha dado tanto! ¡Me ha consolado tanto! ¡Me ha hecho tan feliz! Físicamente, estoy sin fuerzas, pero la comunión de los santos me permitirá participar de otra manera más profunda y no menos cercana con Vd. De hecho, no sé si, cuando reciba esta carta, le podré acompañar desde la oración, o, si Dios en su infinita misericordia, me habrá llamado ya. En ese caso, espero que me permita entonces echarle una mano —¡y mucho mejor!— desde el Cielo, haciendo lío y fiesta, como Vd. bien dice.

Le he pedido al Señor con insistencia ser pequeño y pobre, y, así, estar cerca de los más pequeños, especialmente de los más enfermos y de sus familias. La cruz me ha dado un olfato especial para ver qué les sucede y la valentía para acercarme a tocar sus heridas. También quiero que a las familias de los enfermos les llegue mi ofrecimiento. Por lo tanto, uno la debilidad de mi frágil vida —pero que sé que es preciosa a los ojos de Jesús— así como mis intenciones a las suyas, aprovechando la JMJ. Pido al Señor, en primer lugar, por la conversión de los jóvenes, para que se encuentren con el amor de Dios a través de Jesús Eucaristía. En segundo lugar, ofrezco mi vida por la Iglesia, nuestra Madre, y pido el auxilio de la Virgen María para que todos los movimientos, itinerarios, grupos eclesiales, Congregaciones y Órdenes religiosas sean uno, de forma que la división no afee su rostro y brille en medio de nuestro mundo, y en la misma Iglesia, la belleza del Cuerpo de Cristo. Y tercero, me uno a la pasión del Señor para que la ofrenda de mi pobre vida, si el Señor así lo considera, nos ayude a desterrar el miedo a la muerte. ¡El Cielo existe!

En el Carmelo, el Jardín de Dios, antesala del Cielo, crece María, el Girasol de Dios, a la que me gusta llamar e imaginar como la Virgen de la Primavera. A Ella le pido que transforme los desiertos del dolor en jardines de consolación, y en sus manos deposito la evangelización de los jóvenes.

Encomiendo al Señor en mi oración a la Orden del Carmen, a la Diócesis de Salamanca y a toda la Iglesia.

Que Jesús y María le acompañen en su ancianidad y en el anuncio del Evangelio.

Rezo por Vd. Rece por mí.

Pablo María de la Cruz †

Fray Pablo María de la Cruz, carmelita."

ANTE QUIEN SE VUELVE EL ROSTRO

La celebración del cumpleaños de fray Pablo se produjo dos semanas antes de la fecha real, porque a aquellas alturas todos sabían que su maltrecho cuerpo no aguantaría tanto tiempo. Cuando su director espiritual le propuso adelantar la fiesta él contestó que no hacía falta, estaba muy cansado y no le aportaba nada. Sin embargo, tras pensarlo unos segundos, accedió. Quería dejarle aquel recuerdo a su familia.

Así pues, el 12 de julio familiares y carmelitas quedaron citados. Esa tarde, a pesar de que el esfuerzo que tenía que realizar para respirar era cada vez mayor y ya dependía del oxígeno 24 horas al día, pidió que lo llevaran a misa.

Los dos hermanos que se encontraban con él intercambiaron una mirada preocupada. Debían prepararlo todo bien. El joven ya no aguantaba sentado y debían hacer el trayecto hasta el coro de la iglesia sin oxígeno, pues el concentrador solo funcionaba si estaba enchufado.

No tardaron en ponerse manos a la obra. Mientras uno preparaba un lecho improvisado de cojines cubierto con una sábana, la otra se dedicó a calzar todas las puertas con lo primero que vio para poder atravesar los pasillos lo más rápido posible.

Cuando lo tuvieron todo listo, le ayudaron a ponerse el hábito y comenzó la carrera. Desconectaron el oxígeno y salieron corriendo. El primer paso era bajar en el ascensor. Ahí nuestro protagonista sufrió un duro golpe. Ignoro cuánto tiempo llevaba sin mirarse en un espejo, pero la imagen que este le devolvió lo atravesó como una flecha.

Unos días antes, mientras se tomaba uno de los últimos colacaos, le había preguntado a su hermana enfermera si creía que su estado mejoraría en algún momento. Esta le respondió que no. Era duro, pero era la verdad. Ella nunca le mentía.

La decepción se había reflejado en aquel momento en el rostro del joven. Debería renunciar a otro de sus planes. Él hubiese querido despedirse uno a uno de sus amigos, pero tal y como se encontraba sería imposible.

—El Señor te lo está pidiendo todo —comentó su hermana.

—También me lo da todo —respondió fray Pablo.

Te cuento esto para que entiendas lo que ocurrió en aquel ascensor. Si has visto fotos de fray Pablo el día de su consagración, puede que sigas teniendo en mente la imagen de ese chico larguirucho y pálido en mente. Es mi triste deber sacarte de tu error.

El tumor, libre de quimioterapia que lo mantuviese a raya, estaba creciendo a su ritmo habitual: muy rápido. Así pues, el hemitórax derecho de nuestro protagonista estaba completamente ocupado por el cáncer que le había deformado hasta el punto de tener que usar camisetas de la talla XXL.

La presión que ejercía era tal que le provocaba también una acumulación de líquido en la cara. Ese fue el rostro que le devolvió el espejo a fray Pablo en el ascensor: una fisionomía inflamada, cuyo ojo derecho apenas podía abrirse.

El joven bajó la mirada, no podía contemplar aquello. Jesús también le pidió que aceptase parecerse a Él en eso, en cargar con un rostro desfigurado. El joven nunca volvió a estar tan inflamado como aquel día.

En cuanto las puertas del ascensor se abrieron, los dos hermanos salieron corriendo empujando la silla de ruedas, atravesando una puerta tras otra. Mientras uno ayudaba a Pablo a tumbarse, la otra conectaba el concentrador de oxígeno.

Aquel esfuerzo era ya demasiado para nuestro protagonista. No podían volver a hacer una locura así. Sin embargo, gracias a esa imprudencia, fray Pablo celebró su última eucaristía en comunidad en el coro, tumbado a los pies del Cristo de la Espina.

Para volver a la habitación los hermanos hicieron el mismo recorrido, aunque en esta ocasión tuvieron la delicadeza de colocarlo de espaldas al espejo. En la sala estaba su familia y la comunidad de carmelitas al completo.

Fray Pablo, ya con el concentrador de oxígeno enchufado, aguantó como pudo mientras le cantaban el *Cumpleaños feliz*, y trató de sonreír, pero no tardó en pedir que lo llevaran a la cama.

Desde allí, una vez se recuperó un poco realizó la única petición que hizo por su cumpleaños: un pedazo de pizza cuatro quesos.

LA ÚLTIMA EUCARISTÍA

Lo normal en la situación de fray Pablo era que cada vez que se durmiese no supiera si se iba a volver a despertar. Sin embargo, el joven parecía tener muy claros los tiempos del Señor.

Cuando nuestro protagonista vio aparecer por la puerta de su celda a su amigo, el padre Sebastián, hizo un esfuerzo por hablar:

—Gracias por venir —dijo tan fuerte como le permitía la disnea. —Esta va a ser mi última eucaristía.

El sacerdote trató de quitarle hierro a aquella afirmación que le destrozó por dentro pero que resultó ser cierta. Salió de la habitación con la excusa de preparar lo necesario para la misa. La verdad era que no quería que su joven amigo lo viera con los ojos anegados por las lágrimas.

Tras la liturgia de la palabra, que no pudo ser más certera, llegó el momento de las preces y fray Pablo pidió poder realizarlas. Con frases entrecortadas por el esfuerzo suplicó por las tres intenciones por las que había ofrecido su vida, por todas las personas que se habían encomendado a sus oraciones, por su familia, por sus hermanos carmelitas y por las almas del purgatorio.

Se vio obligado a hacer una pausa para recuperar el aire y continuó. Pidió a Dios que le hiciera pobre y pequeño, para que el centro de todo aquello no fuese él ni su enfermedad, sino solo Jesús.

Después de su última comunión, Sebastián le preguntó:

—Pablo, ¿amas a Jesús?

El joven sonrió y tomó aire antes de contestar:

—¡Si me he casado con Él!

Aquel gesto tan suyo sacó una sonrisa a todos los presentes. Tras la eucaristía el Santísimo quedó expuesto en una pequeña custodia justo frente a nuestro protagonista. Su Amado le acompañaría hasta el último momento. Como él mismo dijo, Jesús eucaristía era el mejor paliativo a sus dolores.

El padre Sebastián, que acababa de volver de una peregrinación a Lourdes, le entregó dos regalos. El primero fue un rosario con las cuentas de piedra, lo que nuestro protagonista definió como un doble arma: contra el demonio y contra todo el que se pusiese por delante. El segundo era una cruz de *Schoenstatt*, también conocida como cruz de la unidad.

Fray Pablo, a su vez, tenía preparado un regalo para él: una sencilla estola blanca que el sacerdote siempre conservará con cariño, al igual que el mensaje de *whatsapp* en el que le animaba:

—Tú a tope, que yo estoy con Jesús.

DESPEDIDA

Es necesario abandonar este cuerpo terreno para morir. Parece algo muy obvio, pero en esta sociedad en la que vivimos, en la que la muerte ha quedado relegada a uno de esos temas tabú de los que no solo no hay que hablar, sino que hay que esconder, no todo el mundo lo tiene claro.

Como escuché en una charla del famoso experto en cuidados paliativos Hilario Gómez, el proceso de muerte es como un parto hacia otro tipo de vida. Al igual que al dar a luz hay sufrimiento, pero este puede aliviarse, así también para evitar el dolor en los estados terminales existen los cuidados paliativos. Son como la epidural del paso a la vida eterna.

Él narraba cómo un familiar de uno de sus pacientes, ya sedado, le hizo llamar angustiada.

—Se está ahogando —exclamaba.

—Sí, y lo está haciendo muy bien —le respondió el doctor con tranquilidad. —Lo importante es que él no se dé cuenta.

Dicho esto, que me parecía muy importante que supieseis si no habéis visto nunca morir a nadie, continúo con nuestro relato.

A primera hora de la mañana siguiente el equipo de paliativos que llevaba a Pablo pasó a visitarlo, como cada viernes. Al comprobar el estado del joven informaron a la familia con gran delicadeza y profesionalidad de que pronto habría que administrarle una sedación terminal, pues la sensación de falta de aire se volvería angustiosa en las próximas horas.

La enfermera del equipo tomó aparte a la hermana de fray Pablo de la que es compañera y le dijo que, en condiciones normales, lo dejarían sedado en ese mismo momento, pues se acercaba ya el fin de semana. Sin embargo, al ser ella también enfermera, le propuso dejarle todo lo necesario y, llegado el momento, que se encargase ella misma de aplicar la sedación.

La mujer no lo dudó y decidió encargarse de todo. La verdad es que solo se aplazó la sedación unas horas más, pero fueron muy valiosas para todos, empezando por el joven.

También les dio varios consejos sobre cómo acompañarlo en estos últimos momentos. Fueron de gran ayuda. Por ejemplo, les dijo que lo tratasen como a un bebé recién nacido: que no hubiera mucho ruido alrededor, que no tratasen de despertarlo, que le hablasen o cantasen, que pusieran música que le gustase, pero todo muy bajito, y que mantuvieran mucho contacto físico.

Durante todo ese día los familiares y amigos más cercanos fueron pasando a despedirse de él uno a uno. Su padre entró de los últimos y le dijo:

—Pablo, ¡te vas al Cielo!

—Sí —respondió en la medida que la disnea le dejaba. —Pero no hoy.

En un momento dado, el joven pareció agitarse y dijo con un hilo de voz: "Alonso". Sus familiares lo entendieron y, en seguida, el padre Sebastián llamó a su familia y les explicó la situación.

Esa misma tarde nuestro protagonista comenzó a encontrarse realmente mal y llamaron a su hermana. Esta comprobó que, efectivamente, la sensación de ahogo era ya agónica. Tan rápido como pudo hizo los últimos preparativos y le administró el cóctel de medicación. Fray Pablo pudo por fin empezar a descansar.

Durante la tarde, se presentó en el convento la familia entera de Alonso. Su madre, tras hablar de corazón a corazón con Mª Carmen, accedió a que le administrasen a su hijo la unción de enfermos.

A pesar de que Pablo estaba flotando en la calma artificial de los sedantes, estoy segura de que sonreiría al llegar al Cielo y enterarse de que su tenacidad había conseguido salirse una vez más con la suya.

Esa misma tarde el padre Alfredo, sacerdote que acompañaba a fray Pablo y sus amigos en los encuentros de JMC, celebró una eucaristía para los presentes en la sala contigua a la celda de fray Pablo. Dios no dejaba de asistirlo, ni a él ni a los suyos.

Eligieron celebrar una de las advocaciones de ese día en lugar de la misa común. Se trataba de "María, puerta del cielo". Por eso el sacerdote iba revestido con la preciosa túnica azul que solo puede utilizarse en las fiestas de la Virgen en España. La Madre se tomó muy en serio esta advocación, pues nuestro protagonista moriría la víspera de la Virgen del Carmen. Allí estaría Ella, esperándole con los brazos abiertos.

Ya entrada la noche, la familia bajó con los carmelitas a cenar. Su hermana y enfermera particular se quedó acompañando al joven. De pronto la mujer fue consciente de algo: aquella no era la primera vez que sedaba a su hermano, pero sí sería la última. Solo en aquel momento, mientras le sostenía la mano inerte, se dio cuenta de que ya no despertaría.

ENTREGAR EL ESPÍRITU

En un rincón del Convento de San Andrés del Carmen de Abajo, en su celda, un joven fraile de 21 años pasaba sus últimas horas de vida acompañado de sus seres queridos.

Su respiración se iba haciendo cada vez más débil y entrecortada, como suele ocurrir con los estertores del que está cercano a la muerte. Sin embargo, cualquiera que viese la escena desde fuera, solo vería a este joven fraile dormido ante el Santísimo.

Llegó la luz del día. Aquella que nos recuerda que la oscuridad no reina eternamente y que siempre, siempre, hay esperanza. Aquella que disipa las tinieblas.

Uno a uno los miembros de la familia fueron pasando a darle los buenos días. Cuando llegó la hermana que es enfermera, que había ido a casa a dormir con su marido y sus hijos, le pidieron que ayudase al auxiliar que se disponía a arreglarlo.

Entró, le dio un beso de buenos días a su hermano. Se dio la vuelta y comenzó a preparar lo necesario para el aseo cuando, de pronto, notó algo. Levantando una mano le indicó al auxiliar que se detuviese.

Los estertores habían cesado. Ya no se oía nada. Comprobó que, efectivamente, el joven acababa de morir.

La mujer salió y, como pudo, informó a su familia. Todos entraron en tromba en la habitación para darle los últimos besos y abrazos, y para desearle un buen viaje.

—¡Al Cielo, Pablo! —gritaba Juan. —¡Te vas al Cielo!

Todos lloraban y, a la vez, sonrisas furtivas se escapaban de sus labios. A los pocos minutos llegó Desi y rezaron juntos los responsos pertinentes. Cantaron una vez más el *Nunc dimittis*, el canto evangélico con su antífona que se rezan en completas y que a nuestro protagonista le encantaban.

Sálvanos, Señor, despiertos

Protégenos mientras dormimos,

Para que velemos con Cristo

Y descansemos en paz

Ahora, Señor, según tu promesa,

Puedes dejar a tu siervo irse en paz.

Porque mis ojos han visto a tu Salvador

A quien has presentado ante todos los pueblos:

Luz para alumbrar a las naciones

Y gloria de tu pueblo Israel.

También proclamaron la lectura de Isaías con la que el Señor le había marcado, como recordatorio de que aquel joven había sido elegido por Dios como propiedad suya.

Fray Pablo María de la Cruz, carmelita, entregó el espíritu de la misma forma sencilla en la que había entregado su vida.

DONDE LA CRUZ FLORECE

Sin embargo, lo que sucedió aquellos días de mediados de julio no tuvo nada que ver con la habitual sencillez y discreción con la que el joven había vivido su fe. Dios quiso que todo lo ofrecido en lo oculto saliese a la luz.

La noche del 16 al 17, durante el velatorio y a petición expresa del fray Pablo, el Santísimo estuvo expuesto para su adoración durante toda la noche. Había pedido a sus familiares y amigos que, quien quisiera, trajese su flor favorita. Mientras las personas se acercaban a presentar sus respetos, iban depositando su discreta ofrenda floral.

Cada una de estas muestras de cariño fue colocada en una cruz de madera que, al comenzar la celebración, se alzaba desnuda. Cruz que hizo su padre expresamente para su funeral porque así se lo había pedido Pablo. Al finalizar había florecido de forma admirable, ofrenda a ofrenda. Más de quinientas flores obraron el milagro, la representación gráfica de una vida entregada por amor en obsequio de Cristo.

Se colocaron de tal modo que un girasol adornaba su centro, tres claveles rojos acentuaban cada una de las llagas de los clavos y otros tres, separados, marcaban la corona de espinas. La llaga del costado fue significada por otros dos claveles carmesí que depositaron los padres de fray Pablo y uno blanco y rojo que entregó el provincial.

La iglesia permaneció llena toda la noche. Jóvenes de los distintos grupos y carismas se encargaron de realizar cantos y oraciones para acompañar al Señor y varios sacerdotes se turnaron para que el sacramento de la penitencia estuviese presente en este momento de gracia.

Así llegó el funeral, y de nuevo no cabía un alma en la iglesia. Desi realizó una impresionante monición ambiental que no voy a transcribir en su totalidad debido a su extensión y a que muchos de los acontecimientos que narra te los he contado a lo largo de estas páginas, pero sí quiero dejarte las ideas principales. Comenzaba saludando a los presentes de la siguiente manera:

"Enhorabuena:

[...] Cristo resucitado da sentido a nuestro vivir y a nuestro morir. Fray Pablo María decía que la vida es vida si se celebra. [...] Él dejó preparada su misa funeral. Lo tenía todo muy organizado, hasta la "playlist" con los cantos de alabanza que esta noche vais a escuchar mientras se come y se bebe. Mª Carmen se quedaba espantada cuando [Pablo] decía con mucha razón: el vivo al bollo y el muerto al hoyo, y se quedaba tan tranquilo.

[...]

No venimos a maldecir la muerte, sino a bendecir su vida.[...] El leño de la cruz se ha transformado en árbol de vida eterna. [...] Se dio cuenta de que su vida era más fecunda muriendo que recuperando la salud.[...] Y aquí estamos, de fiesta. Descolocados, es verdad, pero haciendo fiesta, y descubriendo que el derroche generoso de su vida nos ha impactado, sorprendentemente. Alguno decía: hasta se me han quitado las ganas de pecar. Bendito sea Dios. Él [fray Pablo] está dando saltos de alegría.

[...]estamos alegres, lo cual es un escándalo para el mundo, pero no para esta asamblea.[...] Esto acaba de empezar, solo hay que ver el impacto que provoca en medio de nosotros. Veremos qué quiere Dios de todo esto.

El 21 de junio [...] escribía lo siguiente: "por el sufrimiento en la enfermedad me encontré con Dios y por la muerte en la enfermedad me iré con él, y por ello le doy gracias". Más adelante me diría esto: "díselo a los jóvenes, quiero que digas esto en mi funeral: el que quiera seguir hablando conmigo lo tiene fácil, que se acerquen a la eucaristía. Allí me tienen siempre en línea. ¿Os habéis enterado?" También escribió: "hermano, si sentimos el mismo fuego en el amor a Jesús eucaristía, tú y yo somos uno".

[...]

Fray Pablo María duerme en el Señor y sabemos por la fe en Cristo resucitado que no está en desventaja, nos lleva la delantera en la carrera hacia el Cielo".

Es difícil transmitir el ambiente alegre que se vivió en todo momento durante la celebración del funeral. Para que te hagas una idea, un feligrés despistado que entró en la iglesia para acudir a la misa diaria preguntó a uno de los presentes si se estaba celebrando una boda.

El Espíritu Santo revoloteaba sobre las aguas, llenando cada rincón de aquella iglesia de una alegría desbordante que brotaba del corazón en forma de cantos y oraciones de alabanza y acción de gracias.

Si me permites darte mi humilde experiencia en una única frase, sería esta: después de lo que habíamos visto y oído no teníamos derecho a estar tristes.

EL JARDÍN DEL CARMELO

Como el atleta que es coronado con la medalla o el héroe que vuelve a casa tras luchar con valor por los suyos, fray Pablo salió de la iglesia del convento por última vez a hombros y entre aplausos.

Seis buenos mozos, entre familiares y amigos, lo llevaron hasta el coche fúnebre en el que recorrió las calles de su amada Salamanca. Una vez en el cementerio, volvieron a subir el féretro a hombros y le dieron cristiana sepultura entre cantos como *Resucitó, Llévame al Cielo*, su amado *Nunc dimitis* y, a petición de su padre, el Credo.

He de confesarte que el momento en el que se pone la lápida o, como en este caso, se cierra el nicho en el que descansará el difunto para la Eternidad, siempre me ha parecido la parte más dura del entierro. No hay escapatoria para el cerebro, nada que tu mente pueda hacer para ignorar la idea de que aquella persona que tanto amas se ha ido para siempre.

Gracias a la fe, nosotros sabemos que, si bien es posible que el reencuentro se demore mucho tiempo, esta separación no es definitiva, aunque sigue siendo desgarradora. Sin embargo, en el entierro de este joven seguía respirándose, si no la alegría desbordante de las horas anteriores, sí una paz plagada de esperanza.

A petición de nuestro protagonista, quien quiso llevó un ejemplar de su planta favorita, viva, no cortada. A los pies de su nicho se formó un jardín del carmelo, como él quería, porque Dios siempre saca vida de la muerte.

Al finalizar, se repartieron todas las plantas para que no se secasen bajo el sofocante sol de julio. La idea de fray Pablo era que, al cuidarlas, sus seres queridos se acordasen de rezar por sus intenciones.

LA FIESTA

Al atardecer de aquel día, unas 160 personas, familia y carmelitas aparte, celebraban una extraña fiesta en el convento. Fray Pablo lo había dejado todo preparado y quería que sus amigos dieran gloria a Dios por su vida hasta el final.

Cuando todos estuvieron reunidos en el comedor, sonaron los primeros acordes de la canción que representaba mejor el sentido de aquella celebración. Se trata de *La fiesta*, de Pedro Capó.

Es mejor que la escuches mientras lees, porque no tienen desperdicio ni la letra ni la música:

Bebí, fumé, me enamoré, metí la pata, metí el pie

Me di dos palos, medité, me di el abrazo y el café

Me dio un dolor de no sé qué, busqué la causa en internet

Dice que voy a morirme de algo y que no es de la risa

Cuando me vaya, que no me lloren

Compren vino, no quiero flores

Con to' lo caminao, a mí no me han contao

Yo me merezco la siesta

Y a mis amigos, que no me lloren

Compren vino, no traigan flores

Si me voy a morir solamente una vez

Me merezco la fiesta

Yo me merezco la fiesta

Tu, tu-tu, tu-ru

Y se fue el tren
Varios tropiezos en el camino, pero me fue bien
Viví, cumplí con mi destino, fui lo que soñé
No me despido, mis amigos, yo vuelvo otra vez

Oye, porque

La gente buena no se entierra, se siembra
Nuestro contrato es un contrato de renta
Yo no me duermo, solo tomo la siesta
Así reposan los ojos, y el alma despierta.

Cuando me vaya, que no me lloren
Compren vino, no quiero flores
Con lo que he caminao, a mí no me han contao
Me merezco la siesta

Y a mis amigos, que no me lloren
Compren vino, no quiero flores
Y me voy a morir solamente una vez
Yo me merezco la fiesta

Yo me merezco la fiesta

La gente buena no se entierra, se siembra

Nuestro contrato es un contrato de renta

La gente buena no se entierra, se siembra

La gente buena

La gente buena

No, no, no, no, no me lloren

Mucho vino, no quiero flores

Con lo que he caminao, a mí no me han contao

Yo me merezco la siesta

A mis amigos que no, no me lloren

Compren vino, no traigan, no traigan flores

Si me voy a morir solamente una vez

Me merezco la fiesta, oye

Yo me merezco la fiesta

La puerta está abierta

Entra, entra

Pásenla bien, coño

A partir de aquí se sucedieron, una tras otra, canciones de alabanza y otras que a Pablo, fray Pablo, le encantaban. Si en el funeral hubo alegría, esta fiesta fue una explosión de euforia. En ella se le entregó a cada asistente un rosario de parte del joven para que lo rezasen tan frecuentemente como pudieran por sus intenciones.

Aprovecho para decirte que nuestro protagonista tenía pensado despedirse uno por uno de sus amigos, muchos de ellos invitados a esta fiesta, otros no por falta de espacio o lejanía. Si eres uno de ellos, quiero que sepas que si no se despidió de ti fue porque Dios le pidió también esta renuncia, y fue una de las que más le costó. Espero que, seas o no creyente, puedas despedirte de él ahora y mandar un besito al Cielo. Ten por seguro que Pablo se acuerda de ti.

Cuando lleguemos allí, el dolor de la pérdida y todos los sufrimientos de este mundo no serán más que un mal sueño. Fray Pablo nos ha marcado el camino.

Ah, por cierto. La *playlist* que Pablo creó sigue publicada en *Spotify* en abierto. Te la dejo por aquí, por si te has quedado con ganas de más.

LA FIESTA

EPÍLOGO

Con el buen rollito que provoca esta canción hemos llegado al final de esta historia, aunque espero que, para ti joven que me lees, esto no sea más que un comienzo.

No te conozco, no sé por lo que estás pasando, ni en qué momento de tu vida te encuentras, pero sí conozco a fray Pablo y, sobre todo, tengo mi propia experiencia de Dios. Quiero hablarte ahora como alguien que también ha encontrado un tesoro y quiere compartirlo contigo. ¿Por qué? Porque, aun sin conocerte, te siento como mi hermano pequeño.

El secreto es el siguiente: Dios te ha creado para que seas feliz. Si estás desilusionado con el mundo que te rodea, es porque todavía no has conocido la belleza y la bondad que en él se esconden.

A lo largo de este libro fray Pablo te ha dejado varias pautas que a él le ayudaron y que paso a resumirte, por si no has estado muy atento y te has quedado solo en las risas:

1.-Dale una oportunidad a Dios. No sé si no crees en Él, estás enfadado o te es indiferente. Dime, ¿qué pierdes intentando hablar con Él? Si no existe o no le importas, ¿qué es lo peor que puede pasar? Si no te atreves a abrir el corazón ante un amor tan grande que llena el universo, no pasa nada. Pero si lo haces, te aseguro que tu vida no volverá a ser la misma.

2.-Busca rutinas saludables. A nivel biológico necesitamos las hormonas del bienestar. Dios nos creó de una determinada manera y hay cosas que nos hacen felices a todos los seres humanos, independientemente de si creemos en Él o no. Mantén unos horarios, haz deporte, conserva el contacto con la naturaleza, ten una alimentación equilibrada, modera el uso de pantallas, cultiva tus relaciones personales...

3.-Aplica el punto anterior a tu vida espiritual. No podemos vivir alejados de los sacramentos, alimento del alma. La disciplina es como un gimnasio para el espíritu, y el amor al prójimo la vara de medir nuestra profundidad como personas.

4.-Las tres intenciones de fray Pablo no solo son un deseo profundo de su corazón, también te ayudarán en tu camino.

-La conversión de los jóvenes: Pablo decía que todos estamos llamados a encontrarnos con Dios, pero cuando esto sucede en el alma de un joven, la llama de amor prende y, avivada con la radicalidad y el ímpetu que os caracteriza, es capaz de hacer arder el mundo.

-La unidad dentro de la Iglesia: no te dejes llevar por palabras y obras que lleven a la discordia. Todos los movimientos y realidades aprobados por la Iglesia son válidos para ayudarte en este camino de búsqueda, todos han sido suscitados por el Espíritu Santo. Busca con sinceridad de corazón, pues Dios está deseando encontrarse contigo y quizá lo haga donde menos te lo esperes. Si en algún momento tienes dudas, recuerda las palabras de Jesús: "Por sus frutos los conoceréis".

-Desterrar el miedo a la muerte: este miedo es el arma más poderosa de nuestro enemigo, con la que nos controla y esclaviza. La certeza de la vida eterna, de que somos amados y de que morir no es más que regresar a casa con nuestro Creador, es lo único que puede romper estas cadenas. ¿Quieres ser libre, libre de verdad? Pídele a Dios que te conceda este don.

5.-He de admitir que esto no es algo que fray Pablo promulgase. Fui yo la que se lo dije en más de una ocasión. A él y a todo el que ha querido escucharme, pues es lo que me salvó la vida:

ten un corazón sincero, no te mientas. Tu conciencia te inten-
tará avisar en todo momento de dónde está la verdad. Si notas
que las cosas no van bien, no acalles este sentimiento. Atrévete
a conocerte a ti mismo, pregúntate y pregúntale a Dios qué es lo
que necesitas. Él siempre, siempre, responde.

Ya no te sermoneo más. Ánimo con este viaje que espero que
emprendas hoy. No será fácil, te lo digo desde ya, pero merece la
pena.

Rezo por ti, nos vemos en el Cielo

Myriam A. Hidalgo

AGRADECIMIENTOS

Para empezar, me gustaría agradecer a la Orden del Carmen la confianza depositada en mí para escribir esta biografía novelada. Creo que no sabían muy bien dónde se metían, pero aun así se lo agradezco.

Quizá a lo largo de la lectura de este libro te hayas preguntado cómo he tenido acceso a toda la información detallada que te confío. Lo cierto es que he contado con la inestimable ayuda de familiares, amigos y compañeros de fe de fray Pablo. Por eso quiero dar las gracias a Ricardo y Mª Carmen, Juan, Carmen, Prado, los padres Desiderio, Gerardo y Sebastián, a Noemí y a Gadea. Sin ellos no hubiese podido darte una visión realista y completa de esta historia.

También me gustaría hacer una mención especial a la labor de corrección de Alicia, Ester y Daniel, quienes han elevado estas letras hasta alcanzar un nivel mucho más profesional.

Nada de todo esto sería posible sin mi compañero de vida, mi ayuda adecuada: mi esposo Daniel. Él sabe que sin su apoyo incondicional no me atrevería a hacer muchas cosas. Gracias por ser la brisa en mis alas.

Por último, pero no por ello menos importante, es de justicia mencionar a todas las personas que han estado rezando por mí durante este tiempo y, por supuesto, al Espíritu Santo, verdadero autor de este libro.

Ah, casi se me olvida. También quería darte las gracias a ti, que has dedicado tu tiempo a leer la historia de fray Pablo. Solo espero que te ayude tanto como me ha ayudado a mí.

SOBRE LA AUTORA

Myriam A. Hidalgo (España, 1990) es esposa, madre, enfermera y escritora. Pero vamos, que lo que a ti más te interesa es que soy una de las hermanas de fray Pablo.

He vivido junto a mi marido y mi hijo mayor en Argentina como familia en misión y, en la actualidad, resido en Salamanca. Aquí compagino, no sin dificultad, mi trabajo como enfermera con el cuidado de mi familia.

Si te gusta mi manera de contar historias, quiero informarte de que dedico mi escaso tiempo libre a escribir novelas cuyo trasfondo pretende siempre hablarte al corazón con el estilo gamberro que no soy capaz de abandonar.